手把手教你玩转

B站

短视频商学院 编著

U0314453

化学工业出版社

·北京·

内 容 简 介

如何使B站上的作品破圈，成为火遍全网的爆款？如何使B站上视频的拍摄、文案的编写变得轻松？本书将一一解密。

全书共8章专题内容，从认识B站、后台操作、标题打造、内容输出、吸粉引流、账号运营、主播打造和变现技巧等角度，帮助UP从新手成长为B站运营高手。全书110多个纯高手技巧干货，对后台操作、吸粉引流和账号运营的实用操作步骤进行了全面的解读，帮助UP主轻松玩转B站运营，轻松实现自己的梦想！

本书适合准备或刚进军B站的个人号、企业号UP主，也适合对B站感兴趣的其他视频人群，如抖音、快手、视频号等其他平台的运营者。

图书在版编目（CIP）数据

手把手教你玩转B站 / 短视频商学院编著. —北京: 化学工业出版社, 2022.5

ISBN 978-7-122-40929-4

Ⅰ. ①手… Ⅱ. ①短… Ⅲ. ①网络营销 Ⅳ. ①F713.365.2

中国版本图书馆CIP数据核字(2022)第044432号

责任编辑：王婷婷　李　辰　　　　　　　　装帧设计：盟诺文化
责任校对：田睿涵　　　　　　　　　　　　封面设计：王晓宇

出版发行：化学工业出版社（北京市东城区青年湖南街 13 号　邮政编码 100011）
印　　装：天津图文方嘉印刷有限公司
710mm×1000mm 1/16　印张 10½　字数 210 千字　2022 年 5 月北京第 1 版第 1 次印刷

购书咨询：010-64518888　　　　　　　　　售后服务：010-64518899
网　　址：http://www.cip.com.cn
凡购买本书，如有缺损质量问题，本社销售中心负责调换。

定　价：59.00 元　　　　　　　　　　　　　版权所有　违者必究

前　言

近年来，视频行业得到了快速发展，许多人在闲暇时都会选择刷一刷视频。B站作为一个比较有特色的视频平台，吸引了大量忠实用户，特别是年轻用户。也正是因为如此，许多人开始入驻B站平台，试图借助该平台赚取属于自己的第一桶金。

但是，B站毕竟具有一定的独特性，不熟悉该平台的人很难通过自身摸索快速掌握系统的运营技巧，而且B站上的UP主本来就比较多，如果没有掌握运营技巧，展示自身的独特价值，那么你的账号也难以获得大量的关注。

其实，要熟悉并掌握一个平台的运营技巧，除了自己摸索，还有一个比较简单、有效的方法，那就是借鉴他人的经验，进行系统化的学习，快速掌握实用的运营技巧。

为了帮助大家更好地掌握B站的运营技巧，轻松玩转B站平台，笔者结合个人实战经验推出了本书。本书通过8章内容、110多个干货技巧，对B站运营进行了全面的解读。读者只需要读懂并运用书中的知识，便可以快速提高自身的运营能力。

本书讲解比较详细，很多运营技巧甚至展示了具体的操作步骤。即使是不了解B站运营的读者，也能快速读懂本书，并运用书中的知识快速掌握相关的运营技巧。

需要特别提醒大家，在编写本书时，笔者是基于当前各平台和软件截取的实际操作图片。但是，一本书从编辑到出版需要一段时间，在这段时间里，软件的界面与功能会有调整与变化，比如，删除了某些内容，增加了某些内容，这是软件开发商做的更新。大家在阅读时，根据书中的思路，举一反三，进行学习即可。

　　本书由短视频商学院编著，参与编写的人员还有高彪等人，在此表示感谢。由于作者知识水平有限，书中难免有不足之处，恳请广大读者批评指正。

编著者

2022年2月

目　录

第 1 章

从零开始认识 B 站平台

UP主（即B站账号的运营者）要想维持好B站账号的运营，先得了解B站的一些相关知识。本章笔者就来为大家重点讲解B站的入门知识，帮助UP主从零开始快速认识B站平台。

1.1 快速了解B站

在入驻B站（即bilibili或哔哩哔哩）之前，大家需要对B站有一定的了解。本节笔者就来讲解B站的一些基础知识，带大家快速了解B站。

1.1.1 B站的内容生态

B站的内容生态非常丰富，用户在该平台中可以查看动画、番剧、国创、音乐和舞蹈等多个分区的内容。图1-1所示为B站的内容分区。

图 1-1 B 站的内容分区

用户可以选择查看自己感兴趣的内容分区。图1-2所示为B站音乐分区的相关页面。

图 1-2 B 站音乐分区的相关页面

1.1.2　B站的社区文化

B站的社区文化和腾讯视频、爱奇艺视频、优酷视频等主流视频平台都有所不同，它主要由弹幕、会员、bilibili娘和小电视等独具特色的内容构建而成。

1. 弹幕

弹幕是B站的一大特色，指的是悬浮在视频上的实时评论内容，它除了能促进用户之间的互动，还能给用户提供不一样的观影体验。图1-3所示为B站某音乐视频弹幕。

图 1-3　B 站某音乐视频的弹幕

B站弹幕区可以高度自定义，如果用户觉得弹幕过于密集，可以根据个人的喜好来智能屏蔽部分弹幕。比如，可以根据弹幕类型（滚动、顶部、底部、彩色、高级）来屏蔽部分弹幕，如图1-4所示。

图 1-4　按弹幕类型屏蔽部分弹幕

3

2. 会员

B站上的用户主要有5种身份，即游客、注册会员、正式会员、大会员和年度大会员。

（1）游客：当用户未登录B站账号，其观看站内视频时的身份是临时的，而其身份即常说的游客。

（2）注册会员：当用户注册并使用账号登录B站时，其身份为注册会员，如图1-5所示。

图 1-5　注册会员

（3）正式会员：当注册会员通过社区答题测试之后，即可成为正式会员，如图1-6所示。

图 1-6　正式会员

（4）大会员：用户购买B站的大会员套餐，即可成为大会员，如图1-7所示。

（5）年度大会员：用户购买B站的年度大会员套餐，即可成为年度大会员，如图1-8所示。

图 1-7　大会员

图 1-8　年度大会员

年度大会员能够享受的权益要多于一般的大会员。图1-9所示为年度大会员的主要权益。

图 1-9　年度大会员的主要权益

5

在笔者看来，B站UP主想要吸粉引流，可以先开通年度大会员，这样不仅能让自己的账号更容易让人记住，还能开通更多引流变现渠道。

3. bilibili娘

2010年，B站发起了"bilibli娘投票活动"。其中，第22号和第33号得票数最高，因此B站官方卡通人物被命名为"22"和"33"，如图1-10所示。

图 1-10　"22"和"33"

"22"和"33"这对卡通人物是最能体现B站二次元风格的，大家可以在B站的很多界面中看到这对卡通人物，如图1-11所示。

图 1-11　B 站界面中的"22"和"33"

4. 小电视

小电视是"22"和"33"的宠物，它也是B站的一大特色，在视频页、进度条等很多位置都能看到它的身影。比如，新注册用户的头像就是小电视，如图1-12所示。此外，小电视和"22""33"一样都被人们开发出了周边产品。图1-13所示为小电视枕头。

图 1-12　默认头像

图 1-13　小电视枕头

1.1.3　B站的平台规则

UP主在运营B站账号时，要遵守相关的规则，否则可能会面临平台的处罚。具体来说，在运营B站账号时，UP主必须遵守以下规则。

1. 与节操相关的规则

这里的"节操"可以简单理解为UP主在B站上的表现，B站会根据UP主的表现给出节操值。如果UP主的节操值过低，那么UP主的相关权益可能受到影响。具体来说，UP主可以通过如下步骤查看与节操相关的规则。

步骤 01 进入B站的"主页"页面，向下滑动页面，单击"传送门"板块中的"帮助中心"按钮，如图1-14所示。

步骤 02 操作完成后，进入"帮助中心"的相关页面。单击页面左侧菜单栏中的"节操相关"按钮，即可查看与节操相关的规则。例如，UP主可以查看哪些行为会被扣节操值，如图1-15所示。除此之外，UP主还可以重点查看节操值的用处，如图1-16所示。

当然，节操值被扣之后也是可以恢复的。具体来说，UP主每日登录账户即可恢复1点节操值。

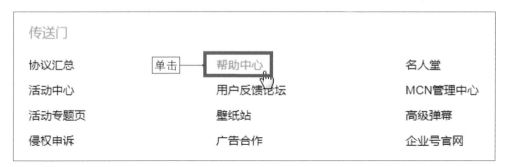

图 1-14　单击"帮助中心"按钮

图 1-15　哪些行为会被扣节操值

图 1-16　节操值的用处

2. 分区投稿规则

UP主在B站上投稿（即发布内容）时也需要遵守一定的规则。具体来说，B站上不同的内容分区，对应的投稿规则也会有所不同。UP主可以单击"帮助中心"相关页面左侧的"分区投稿规则"按钮，查看"投稿规范"和"分区规范"。"投稿规范"中会展示对所有投稿内容的要求，而"分区规范"内容则会分别展示各分区内容的投稿要求。

例如，UP主可以在投稿规范的"02"中，查看B站对稿件内容的要求，如图1-17所示；也可以根据需求查看具体分区内容的投稿要求。图1-18所示为B站"动画"分区的部分投稿要求。

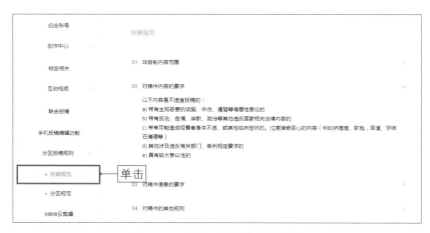

图 1-17　B 站对稿件内容的要求

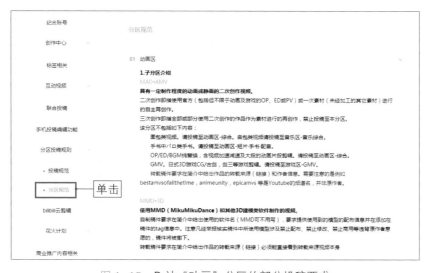

图 1-18　B 站"动画"分区的部分投稿要求

3. 音频投稿规则

如果UP主的投稿是音频内容，则可以单击"帮助中心"相关页面左侧的"音频投稿相关"按钮，查看音频投稿的相关规则。图1-19所示为B站音频投稿规范的部分内容。

图 1-19 B 站音频投稿规范的部分内容

1.2 关于账号的操作和设置

除了B站的基础知识，UP主还需要掌握B站账号的一些基础操作和设置。本节为大家讲解B站账号操作和设置的几个技巧。

1.2.1 注册账号

UP主可以通过计算机端和移动端注册B站账号。下面笔者就以移动端为例，为大家讲解账号注册的具体操作步骤。

步骤01 打开B站App，进入"我的"界面，点击界面中的小电视和"点击登录"字样所在的位置，如图1-20所示。

步骤02 操作完成后，会弹出登录方式对话框，UP主点击对话框中的"本机号码一键登录"按钮，即可快速完成注册和登录，如图1-21所示。

步骤03 如果UP主点击的是登录方式对话框中的"其他方式登录"按钮，操作完成后，手机会自动跳转至"短信登录"界面。在该界面中❶输入手机号和验证码，❷点击"验证登录"按钮，如图1-22所示。

图1-20 点击小电视和"点击登录"字样 图1-21 点击"本机号码一键登录"按钮
所在的位置

步骤04 操作完成后，进入"账号安全"界面。❶点击界面中的"获取验证码"按钮，❷输入验证码，❸点击"下一步"按钮，如图1-23所示。

 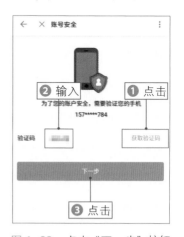

图1-22 点击"验证登录"按钮 图1-23 点击"下一步"按钮

步骤05 跳转至新"账号安全"界面，❶填写密码，❷点击"下一步"按钮，如图1-24所示。

步骤06 操作完成后，返回"我的"界面。如果界面中出现账号信息，就说明账户注册/登录成功了。图1-25所示为账号登录成功后的"我的"界面。

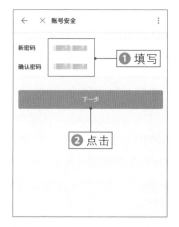

图 1-24　点击"下一步"按钮

图 1-25　账号登录成功后的"我的"界面

1.2.2　更改账号信息

注册账号之后，UP主可以根据自身需求设置和更改账号信息。下面笔者就以更改账号头像为例，对具体的操作方法进行说明。

步骤 01 打开B站App，进入"我的"界面，选择"设置"一栏，如图1-26所示。

步骤 02 进入"设置"界面，选择"账号资料"一栏，如图1-27所示。

图 1-26　选择"设置"一栏

图 1-27　选择"账号资料"一栏

步骤 03 进入"账号资料"界面，选择"头像"一栏，如图1-28所示。

步骤 04 操作完成后，会弹出头像设置方式列表框，UP主可以根据自身情况进行选择。下面笔者以"从相册选择"的方式设置头像为例进行说明，UP主只需选择列表框中的"从相册选择"一栏即可，如图1-29所示。

图 1-28　选择"头像"一栏　　　　图 1-29　选择"从相册选择"一栏

步骤 05 进入"最近项目"界面，从中选择需要设置成头像的照片，如图1-30所示。

步骤 06 进入头像设置界面，点击界面中的"确定"按钮，如图1-31所示。

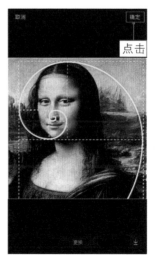

图 1-30　选择需要设置成头像的照片　　图 1-31　点击"确定"按钮

步骤 07 操作完成后，返回"账号资料"界面。如果界面中的头像变成了刚刚设置的头像，就说明头像设置成功了，如图1–32所示。

图 1–32　头像设置成功

除了头像，UP主还可以对账号昵称、个性签名及UP主的个人信息（如出生年月、学校）进行设置和更改。UP主需要注意的是，账号相关信息的更改和设置也要遵守一定的规则。图1–33所示为昵称的使用规则。

> 02　昵称规则　　　　　　　　　　　　　　　　　　　　　　　　　　　　　　　∨
>
> ● 昵称取名应符合法律法规、政策规范、《哔哩哔哩弹幕网用户使用协议》、《社区公约》及其他哔哩哔哩的审核规范，不得出现含有政治倾向、政治敏感、宗教、色情低俗、赌博、性别歧视、种族歧视、暴力血腥、恐怖内容等违反公序良俗或其他不适宜出现的内容；
> ● 昵称使用不得侵犯他人合法权益，包括但不限于姓名权、知识产权、名誉权、隐私权等；
> ● 昵称中不得含有商业推广内容，包括但不限于网址、邀请码、社交账号、促销、特价等；
> ● 其他哔哩哔哩要求的昵称规则。

图 1–33　昵称的使用规则

1.2.3　更改账号密码

有时候UP主可能会忘记密码，此时UP主可以用手机号加验证码先登录账号，然后再更改账号密码。具体来说，UP主可以通过如下步骤更改账号密码。

步骤 01 打开B站App，进入"设置"界面，选择"安全隐私"一栏，如图1–34所示。

步骤02 操作完成后，进入"安全隐私"界面，选择"账号安全中心"一栏，如图1-35所示。

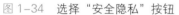

图 1-34　选择"安全隐私"按钮　　　图 1-35　选择"账号安全中心"一栏

步骤03 进入"账号安全"界面，点击"修改密码"按钮，如图1-36所示。

步骤04 进入"安全隐私"界面，❶输入验证码，❷点击"下一步"按钮，如图1-37所示。

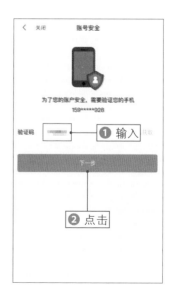

图 1-36　点击"修改密码"按钮　　　图 1-37　点击"下一步"按钮

步骤 05 进入"账号安全"界面，如图1-38所示。在该界面中输入新密码，并点击"下一步"按钮，便可成功更改账号密码了。

图 1-38　"账号安全"界面

1.2.4　注销B站账号

当UP主不想再运营某个B站账号时，可以直接将其注销，具体操作步骤如下。

步骤 01 打开B站App，进入"设置"界面，选择"隐私权限设置"一栏，如图1-39所示。

步骤 02 操作完成后，进入"隐私权限设置"界面，选择"账号注销"一栏，如图1-40所示。

图 1-39　选择"隐私权限设置"一栏

图 1-40　选择"账号注销"一栏

步骤 03 进入"账号注销"界面的"账号确认"板块，点击"确认，并继续注销"按钮，如图1-41所示。

步骤 04 进入"明确条款"板块，❶选择"我已了解并同意《账号注销协议》"复选框；❷点击"我已了解，继续"按钮，如图1-42所示。

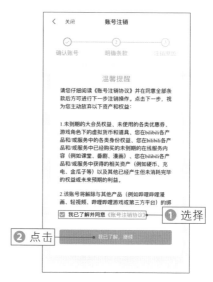

图 1-41　点击"确认，并继续注销"按钮　　图 1-42　点击"我已了解，继续"按钮

步骤 05 进入"注销原因"板块，❶选择注销原因；❷点击"确认提交"按钮，如图1-43所示。

步骤 06 操作完成后，如果随后出现的界面中显示"已提交注销申请"，就说明账号注销申请提交成功了，如图1-44所示。

图 1-43　点击"确认提交"按钮　　图 1-44　账号注销申请提交成功

第 2 章

熟悉计算机和手机后台操作

在运营B站账号的过程中，UP主有必要了解后台的相关操作。本章笔者就来分别讲解计算机端和手机端B站后台的功能和设置，帮助UP主快速熟悉后台的相关操作。

计算机端B站后台功能和设置

　　借助计算机端B站后台的相关功能，UP主可以查看和设置账号的相关信息。这一节笔者就来重点为大家讲解查看和设置部分信息的操作技巧。

2.1.1　投稿

　　UP主可以通过计算机端B站后台投稿的相关功能发布内容，从而吸引粉丝。具体的投稿操作步骤如下。

　　步骤 01 进入B站的"主页"页面，单击右侧菜单栏中的"创作中心"按钮，如图2-1所示。

图 2-1　单击"创作中心"按钮

　　步骤 02 进入"bilibili创作中心"页面，将鼠标指针停留在左侧菜单栏中的"投稿"按钮上，会弹出一个列表框。UP主可以根据要发布的内容选择投稿方式，例如，要发布视频只需单击"视频投稿"按钮即可，如图2-2所示。

图 2-2　单击"视频投稿"按钮

步骤 03 进入"视频投稿"页面，单击页面中的"上传视频"按钮，如图2-3所示。

图 2-3　单击"上传视频"按钮

步骤 04 选择要发布的内容，并上传至计算机端B站后台。操作完成后，根据视频内容设置相关信息。信息设置完成后，单击页面下方的"立即投稿"按钮，如图2-4所示。

图 2-4　单击"立即投稿"按钮

步骤 05 操作完成后，如果页面中显示"稿件投递成功"，就说明视频投递成功了，如图2-5所示。视频投递成功后，只要通过了平台审核，便会自动发布到B站平台中。

图 2-5　视频投递成功

2.1.2　内容管理

在计算机端B站后台，UP主可以通过如下步骤对自己发布的内容进行管理。

步骤 01 进入"bilibili创作中心"页面，单击左侧菜单栏中的"内容管理"按钮，便可以在弹出的列表框中选择要管理的内容。以"视频管理"为例，UP主只需单击"视频管理"按钮即可进入"视频管理"页面。

步骤 02 单击"视频管理"页面中某个视频后方的 ⋮ 图标，会弹出一个列表框，UP主可以从列表框中单击相应的按钮，进行相应的操作。例如，可以单击列表框中的"分享投稿"按钮，如图2-6所示。

图 2-6　单击"分享投稿"按钮

步骤 03 操作完成后，会弹出一个对话框。UP主可以从该对话框中复制视频链接，也可以通过扫码获得视频链接，如图2-7所示。获得链接之后，UP主可以通过分享链接的方式，对该视频进行推广引流。

图 2-7　视频链接对话框

2.1.3　数据中心

UP 主可以直接在计算机端 B 站后台查看账号的相关数据，具体操作如下。

步骤 01 进入"bilibili创作中心"页面，单击左侧菜单栏中的"数据中心"按钮，便可以进入"视频数据"页面，查看已发布视频的相关数据。具体来说，在"视频数据"页面中，UP主可以查看视频播放量、评论数、弹幕数、点赞数和分享数等基础数据，如图2-8所示。

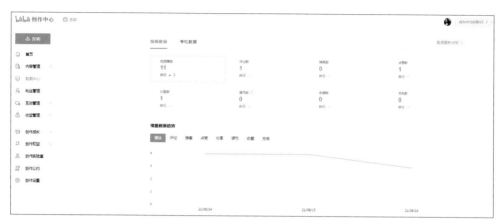

图 2-8　"视频数据"页面

步骤 02 向下滑动页面，还可以查看观看视频的用户画像（即游客画像），如图2-9所示。

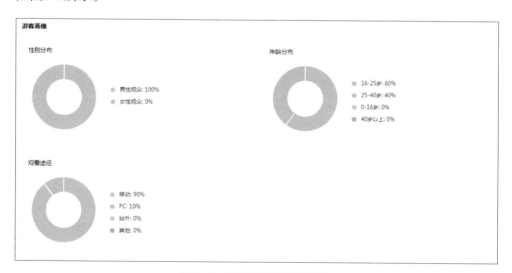

图 2-9　观看视频的游客画像

步骤 03 除了已发布视频的相关数据之外，UP主还可以查看专栏的数据。具体来说，UP主只需单击"专栏数据"按钮，便可进入"专栏数据"页面，查看相关的数据，如图2-10所示。

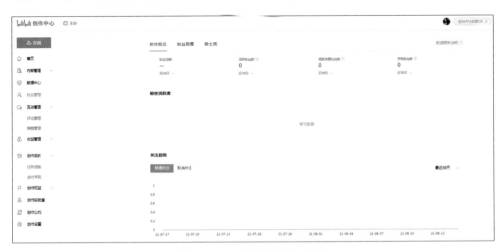

图 2-10 "专栏数据"页面

2.1.4 粉丝管理

　　UP主可以利用计算机端B站后台的"粉丝管理"功能，查看粉丝的相关数据，并进行相关设置，具体操作步骤如下。

　　步骤 01 进入"bilibili创作中心"页面，单击左侧菜单栏中的"粉丝管理"按钮，便可进入"粉丝概览"页面。UP主可以在该页面中查看粉丝的一些基本数据，以及"粉丝活跃度"和"关注趋势"等情况，如图2-11所示。

图 2-11 "粉丝概览"页面

步骤02 向下滑动页面，即可在"粉丝画像"板块中，查看粉丝的"性别分布""年龄分布""观看途径"等数据，如图2-12所示。

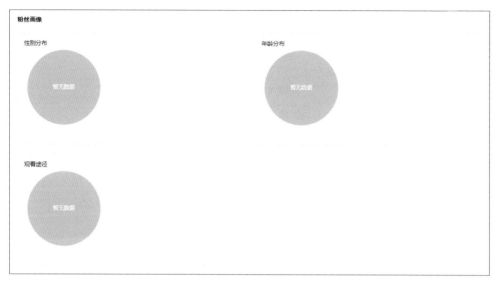

图2-12　账号的"粉丝画像"

步骤03 如果UP主单击"骑士团"（骑士可以看成是UP主的守护者）按钮，便可进入"骑士团"页面，对账号的骑士团成员进行管理。例如，UP主要添加骑士团成员，可以单击页面中的"添加骑士"按钮，如图2-13所示。

图2-13　单击"添加骑士"按钮

步骤04 操作完成后，会弹出一个对话框。UP主可以在该对话框中❶输入要任命的骑士的UID（User Identification的缩写，译为用户编号），❷单击"确定"按钮，如图2-14所示。操作完成后，便可将对应的B站用户任命为骑士团成员。

图 2-14　单击"确定"按钮

2.1.5　互动管理

　　UP主可以直接在计算机端B站后台查看账号的互动信息，并对互动信息进行管理，具体操作步骤如下。

　　步骤 01 进入"bilibili创作中心"页面，单击左侧菜单栏中的"互动管理"按钮，会弹出一个列表框，UP主可以从列表框中选择要进行的互动管理。以管理用户评论为例，UP主只需单击"评论管理"按钮，便可进入"视频评论"页面，选择相关评论进行管理操作，如图2-15所示。

图 2-15　"视频评论"页面

　　步骤 02 例如，UP主选中某个评论之后，可以对该评论进行"举报"和"删除"操作。另外，对于认同的评论内容，UP主也可以单击评论下方的 👍 图标，对评论内容进行点赞，如图2-16所示。

图 2-16　对评论内容进行点赞

除了视频评论，UP主还可以单击页面上方的按钮，对"专栏评论"和"音频评论"进行管理。

2.1.6　收益管理

许多UP主都希望通过B站运营获得一定的收益，对此UP主可以通过"收益管理"功能设置收益信息，让账号获得更多收益。具体来说，UP主可以通过如下操作，对相关的收益信息进行设置。

步骤 01 进入"bilibili创作中心"页面，单击左侧菜单栏中的"收益管理"按钮，会弹出一个列表框，UP主可以从列表框中选择要管理的收益信息。以管理"充电计划"为例，UP主可以单击"充电计划"按钮，进入充电计划的相关页面。❶选中"同意接受《充电计划UP主用户协议》"复选框，❷单击"立即参与充电计划"按钮，如图2-17所示。

图 2-17　单击"立即参与充电计划"按钮

★ 专家提醒 ★

充电可以简单地理解为 B 站用户打赏 UP 主。

步骤 **02** 操作完成后，进入"哔哩哔哩充电计划用户协议"页面，仔细阅读该协议的内容，如图2-18所示。

图 2-18　"哔哩哔哩充电计划用户协议"页面

步骤 **03** 协议内容阅读完成后，返回充电计划的相关页面。如果此时该页面中出现了"充电记录"等板块，就说明UP主成功加入了B站的充电计划，如图2-19所示。

图 2-19　成功加入 B 站的充电计划

2.1.7　创作成长

UP主可以通过计算机端B站后台的"创作成长"功能，接受任务和学习课程，从而增强自身的账号运营能力。具体来说，UP主可以通过如下步骤在计算机端B站后台接受相关任务。

步骤 01 进入"bilibili创作中心"页面，单击菜单栏中的"创作成长"按钮，会弹出一个列表框。单击列表框中的"任务成就"按钮，进入"任务成就"页面。单击页面中"去创作学院观看一个教程"右侧的"去完成"按钮，如图2-20所示。

图 2-20　单击"去完成"按钮

步骤 02 进入"bilibili创作学院"页面，单击对应课程所在的区域，如图2-21所示。

图 2-21　单击对应课程所在的区域

步骤 03 操作完成后，即可进入对应课程的播放界面，查看课程内容，如图2-22所示。

图 2-22　查看课程内容

2.1.8　创作权益

"创作权益"功能主要是为了保护UP主的相关权益而设置的一个功能。UP主可以借助该功能申请原创内容的版权保护，具体操作步骤如下。

步骤 01　进入"bilibili创作中心"页面，单击菜单栏中的"创作权益"按钮，会弹出一个列表框。单击列表框中的"版权保护"按钮，进入版权保护的相关页面。单击页面中的"申请内测"按钮，如图2-23所示。

图 2-23　单击"申请内测"按钮

步骤 02 操作完成后，如果弹出"申请成功"对话框，就说明版权保护申请提交成功了，如图2-24所示。只要UP主收到平台发送的审核通过通知，便可成功获得版权保护了。

图 2-24　版权保护申请提交成功

2.1.9　创作实验室

计算机端B站后台的"创作实验室"中会展示一些新功能，UP主可以借助这些新功能更好地进行账号运营。具体来说，UP主可以通过如下步骤，使用"创作实验室"的相关功能。

步骤 01 进入"bilibili创作中心"页面，单击菜单栏中的"创作实验室"按钮，进入"创作实验室"页面。该页面中展示了一些功能，UP主可以根据自身需求进行选择。例如，UP主若要使用"投稿私信推送"功能，则可以单击其右侧的"前往"按钮，如图2-25所示。

图 2-25　单击"前往"按钮

步骤 02 进入"私信投稿推送"页面，向右滑动　　图标，如图2-26所示。

步骤 03 操作完成后，如果　　图标变成了 ● 图标，就说明"投稿私信推送"功能开启成功了，如图2-27所示。

图 2-26　向右滑动　图标

图 2-27　　图标会变成 图标

步骤 04　"投稿私信推送"功能开启之后，"私信投稿推送"页面中会出现"附赠留言"板块。UP主可以在该板块中❶输入留言信息，❷单击"保存"按钮，如图2-28所示。操作完成后，关注UP主的粉丝便可以在私信中收到投稿内容和该留言信息了。

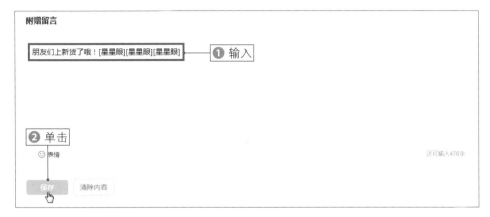

图 2-28　单击"保存"按钮

2.1.10　创作公约

计算机端B站后台的"创作公约"页面中会展示内容创作方面的公约、规范等信息。UP主可以进行查看，并遵守相关的公约和规范。

具体来说，UP主单击"bilibili创作中心"页面中的"创作公约"按钮，便可进入"关于公约"页面，查看关于公约的相关信息，如图2-29所示。

图 2-29　"关于公约"页面

当然，UP主也可以单击"关于公约"页面中的"违规内容""社区规范""投稿规范""创作生态"按钮，查看创作过程中需要遵守的相关规范。

2.1.11　创作设置

UP主可以利用计算机端B站后台的"创作设置"功能，对相关的创作信息进行设置，具体操作步骤如下。

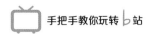

步骤 01 进入"bilibili创作中心"页面，单击菜单栏中的"创作设置"按钮，进入"创作设置"页面。该页面中展示了一些创作设置方面的功能，UP主可以根据自身需求进行选择。例如，UP主若要在视频中添加水印，则可以单击"原创视频添加水印设置（未开启）"右侧的"编辑"按钮，如图2-30所示。

图 2-30　单击"编辑"按钮

步骤 02 操作完成后，会出现为原创视频添加水印的设置信息，向右滑动图标，如图2-31所示。

图 2-31　向右滑动　　图标

步骤 03 操作完成后，　　　图标会变成 ◯ 图标。与此同时，页面中会出现"选择水印位置"板块。该板块中会展示水印的显示位置（系统默认显示在视频右上方），如果UP主要改变水印的显示位置，可以单击下方的"选择位置"按钮，如图2–32所示。

步骤 04 操作完成后，会显示水印的可选择位置。UP主只需❶选择水印的显示位置，❷单击"确认修改"按钮，便可设置水印的显示位置，如图2–33所示。

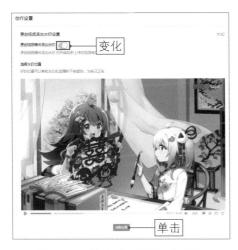

图 2–32　单击"选择位置"按钮

图 2–33　单击"确认修改"按钮

2.2 手机端B站后台功能和设置

　　除了计算机端B站后台，UP主还可以借助手机端B站后台进行相关设置。这一节笔者就选取其中比较常用的功能和设置进行说明。

2.2.1　我的钱包

　　UP主可以借助手机端B站后台的"我的钱包"功能，查看账号中"B币""贝壳"等虚拟货币的数量。如果有需要，UP主还可以对虚拟货币进行充值，具体操作步骤如下。

步骤 01 打开B站App，进入"我的"界面。点击界面中的"我的钱包"按钮，如图2–34所示。

步骤 02 操作完成后，即可进入"我的钱包"界面，查看虚拟货币的数量。如果UP主要对虚拟货币进行充值，可以点击"B币充值"按钮，如图2–35所示。

图 2-34　点击"我的钱包"按钮　　　图 2-35　点击"B币充值"按钮

步骤 03 操作完成后，进入"B币充值"界面，如图2-36所示。UP主可以在该界面中选择对应的金额进行充值，有需要的UP主还可以点击"使用说明"按钮，进入"使用说明"界面，查看B币的使用说明，如图2-37所示。

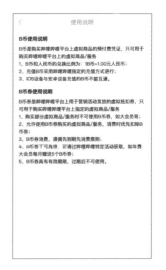

图 2-36　"B币充值"界面　　　图 2-37　"使用说明"界面

2.2.2　主播中心

UP主可以借助手机端B站后台的"主播中心"功能，查看账号直播的相关信息，并对直播信息进行设置。例如，UP主可以通过如下步骤进行直播预约设置。

步骤 01 打开B站App，进入"我的"界面。点击界面中的"主播中心"按钮，进入"主播中心"界面。点击"主播中心"界面中的"直播预约"按钮，如图2-38所示。

步骤 02 操作完成后，会弹出"发布直播预约"对话框。在对话框中❶设置直播时间和标题，❷点击"发布预约"按钮，如图2-39所示。

图 2-38　点击"直播预约"按钮

图 2-39　点击"发布预约"按钮

步骤 03 操作完成后，如果显示"预约已发布"，就说明直播预约发布成功了，如图2-40所示。当然，UP主也可以撤销直播预约。具体来说，UP主只需❶点击"撤销"按钮，❷在弹出的对话框中点击"撤销预约"按钮，便可撤销直播预约，如图2-41所示。

图 2-40　直播预约发布
成功

图 2-41　点击"撤销预约"
按钮

2.2.3 创作首页

借助手机端B站后台的"创作首页"功能，UP主不仅可以对创作内容和互动内容进行设置和管理，还可以参与投稿打卡等账户创作类活动。具体来说，UP主可以通过如下操作参与投稿打卡活动。

步骤 01 打开B站App，进入"我的"界面，点击界面中的"创作中心"按钮，进入"创作中心"界面。点击"创作中心"界面中的"打卡挑战"按钮，如图2-42所示。

步骤 02 操作完成后，进入"打卡挑战"界面。点击界面中的"立即加入"按钮，如图2-43所示。

图 2-42 点击"打卡挑战"按钮

图 2-43 点击"立即加入"按钮

步骤 03 操作完成后，如果界面中显示"报名成功"，就说明UP主成功参与了"打卡挑战"。参与"打卡挑战"之后，UP主可以点击"打卡挑战"界面中的"立即投稿"按钮，参与投稿打卡，如图2-44所示。

步骤 04 操作完成之后，便会自动进入投稿内容上传界面。UP主可以在该界面中❶选择需要投稿的内容，❷点击"下一步"按钮，将投稿内容上传，如图2-45所示。

步骤 05 将投稿内容上传后，UP主只需编辑投稿内容的封面、标题等信息，并进行发布，便可成功完成打卡挑战了。只要UP主坚持进行投稿打卡挑战，便可瓜分奖金池中的全勤奖。

图 2-44　点击"立即投稿"按钮

图 2-45　点击"下一步"按钮

2.2.4　安全隐私

　　UP主可以借助手机端B站后台的"安全隐私"功能，对账号的隐私信息进行设置，具体操作步骤如下。

　　步骤 01 打开B站App，在"我的"界面中点击"设置"按钮，进入"设置"界面。点击界面中的"安全隐私"按钮，进入"安全隐私"界面。UP主可以在该界面中选择设置账号隐私信息，例如UP主要对登录设备进行设置，可以点击"登录设备管理"按钮，如图2-46所示。

　　步骤 02 操作完成后，进入"登录设备管理"界面。向右滑动界面中的　　图标，如图 2-47所示。

图 2-46　点击"登录设备管理"按钮

图 2-47　向右滑动图标

步骤 03 操作完成后，会弹出"开启设备登录验证"对话框。点击对话框中的"验证开启"按钮，如图2-48所示。

步骤 04 操作完成后，进入"身份认证"界面。在该界面中❶输入"验证码"，❷点击"下一步"按钮，如图2-49所示。

图 2-48　点击"验证开启"按钮

图 2-49　点击"下一步"按钮

步骤 05 操作完成后，返回"登录设备管理"界面。如果界面中显示了已通过验证的设备，就说明"登录设备管理"设置成功了，如图2-50所示。

图 2-50　"登录设备管理"设置成功

2.2.5　联系客服

UP主可以借助手机端B站后台的"联系客服"功能，享受客服提供的服务，解决账号运营的问题。例如，UP主可以通过如下操作解决账号运营的相关问题。

步骤 01 打开B站App，进入"我的"界面，点击界面中的"联系客服"按钮，如图2-51所示。

步骤 02 进入"客服中心"界面，如图2-52所示。UP主只需点击对应问题右侧的 ∨ 图标，即可查看该问题的答案。图2-53所示为"为什么我的账号被封禁了，如何申诉解封？"的答案。

图 2-51　点击"联系客服"按钮

图 2-52　"客服中心"界面

> ## 为什么我的账号被封禁了，如何申诉解封？　　∧
>
> 您好，账号封禁时，封禁理由会通过系统通知发送给您 【限时封禁】需要满足封禁时间结束和完成封禁答题两个条件才可以解封（如您是投稿问题封禁则无需答题），您可以在小黑屋页面找到答题入口。【永久封禁】一般无法解封哦，如您对封禁结果有异议，可以在小黑屋页面进行申诉，申诉结果会在7个工作日内通过系统通知告知您。【仲裁封禁】如您对风纪委仲裁结果有异议，在消息页面的系统通知内会提供一个申诉入口，需要点击通知内的入口即可进行申诉，申诉结果会在7个工作日内通过系统通知告知您。（该类仲裁封禁的情况需要风纪委判断，请务必通过申诉渠道申诉哦）

图 2-53　"为什么我的账号被封禁了，如何申诉解封？"的答案

第 3 章

打造更加吸睛的视频标题

　　许多用户在看一个视频时，首先注意到的可能就是它的标题。一个视频标题的好坏，将对它的相关数据有很大的影响。如果视频标题足够吸睛，那么会有更多用户愿意点击查看视频内容。本章笔者就来讲解视频标题的创作技巧，帮助UP主打造更加吸睛的视频标题。

视频标题的创作要点

　　标题是视频的重要组成部分，要做好B站视频文案，就要重点关注视频标题的创作。视频标题的创作必须掌握一定的技巧，只有如此，才能更好、更快地创作出优质标题，达到引人注目的效果。

　　那么在创作视频标题时，UP主应该重点关注哪些要点呢？接下来，笔者就来具体为大家进行讲解。

3.1.1　不要做"标题党"

　　标题是视频内容的"窗户"，用户如果能从这扇窗户中看出视频的大致内容，就说明这一视频标题是合格的。换句话说，就是视频标题要体现出该视频内容的主题。

　　虽然标题要起到吸引用户的作用，但是如果用户被某一标题吸引，点击查看内容时却发现标题和内容主题联系得不紧密，或者完全没有联系，就会降低用户对UP主的信任感，导致某个视频的点赞和转发量被拉低，更有甚者，会导致部分用户直接将UP主拉入黑名单。

　　因此，UP主在创作视频标题时，一定要注意所写的标题与视频主题的联系程度要非常紧密，切勿"挂羊头卖狗肉"，做"标题党"。图3-1所示为某B站热门视频的标题，该标题与视频内容的主题联系密切，用户一看就知道该视频要讲的是用烤箱制作薯条。

图 3-1　标题与视频主题联系紧密的案例

3.1.2　语言简洁明了

一个标题的好坏直接决定了视频点击量的高低，所以UP主在创作标题时，一定要突出重点，语言简洁明了，标题字数不要太多，最好能够朗朗上口。这样才能让用户在短时间内就知道UP主表达的是什么，从而可以很好地"诱导"他们点击查看视频内容。

在创作视频标题时，UP主要注意用语的简洁性，切忌标题成分过于复杂。对于用户来说，简洁明了的视频标题不仅让人有比较舒适的视觉感受，而且人们阅读起来也更为方便。

图3-2所示为B站某视频的标题，该标题虽然只有短短7个字，却能让用户一看就知道该视频要讲的是那些让人崩溃的瞬间，这种标题就非常简洁明了。

图 3-2　简洁明了的标题

3.1.3　多用吸睛词汇

标题是一个视频的"眼睛"，在视频中具有十分重要的作用。标题体现了一条视频的大意或主旨，甚至它还是对故事背景的诠释，所以一条视频相关数据的好坏，与标题有着不可分割的关系。

UP主要想让视频标题更能吸引用户，必须在标题中加上点睛之笔。给视频标题"点睛"是有技巧的，UP主在制作标题时，可以尝试加入一些能够吸引用户目光的词汇，比如"福利""秘诀""秘密""技巧"等。这些"点睛"词汇，能够让用户乍看之下产生好奇心。图3-3所示为使用吸睛词汇的视频标题。

图 3-3　使用吸睛词汇的视频标题

 吸睛标题的主要类型

在一条视频中，标题无疑是用户重点关注的内容，有吸引力的标题才能让用户点进去查看视频内容，因此创作吸睛标题便显得尤为重要了。本节笔者就来为大家介绍吸睛标题的主要类型，帮助大家快速打造出优质视频标题。

3.2.1　福利发送型

福利发送型标题是指在视频标题上带有与"福利"相关的关键字，向用户传递一种"这条短视频就是来送福利的"感觉，让用户自然而然地想要看完这条视频。具体来说，福利发送型标题准确把握了用户希望获得好处的心理，让用户一看到"福利"的相关字眼就会忍不住想要了解视频内容。

福利发送型标题的表达方法有两种，一种是直接型，另一种则是间接型。虽然具体方式不同，但是效果都相差无几，如图3-4所示。

值得注意的是，UP主在制作福利发送型标题时，无论是直接型还是间接型，都应该掌握3点技巧，如图3-5所示。

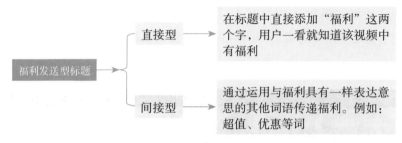

图 3-4 福利发送型标题的表达方法

图 3-5 福利发送型标题的创作技巧

福利发送型标题有直接福利型和间接福利型两种不同的表达方式，不同的标题案例有不同的特色。接下来一起来看看这两种福利型标题的具体案例，如图3-6和图3-7所示。

图 3-6 直接福利型标题

图 3-7 间接福利型标题

这两种类型的福利发送型标题虽然稍有区别，但本质上都是通过"福利"来吸引用户目光的，从而提升视频的点击率。

福利发送型的标题通常会给用户带来惊喜之感。试想，如果视频标题中或明或暗地指出含有福利，你难道不会心动吗？

福利发送型标题既可以吸引用户的注意力，又可以为用户带来实际的利益，可谓一举两得。当然，UP主在创作福利发送型标题时也要注意，不要因为侧重福利而偏离了主题，而且最好不要使用太长的标题，以免影响视频的传播效果。

3.2.2　价值传达型

价值型标题通常是向用户传递一种信号，那就是查看了视频之后就可以掌握某些技巧或者知识。

这种类型的标题之所以能够引起用户的注意，是因为抓住了人们想要从视频中获取实际利益的心理。许多用户都是带着一定的目的登录B站的，他们要么希望视频中含有福利，比如优惠、折扣；要么希望能够从视频中学到一些有用的知识。因此，价值型标题是很能吸引用户的目光的。

在打造价值型标题的过程中，UP主往往会碰到这样一些问题，比如，"什么样的技巧才算有价值？""价值型标题应该具备哪些要素？"等。笔者将价值型标题的创作经验和技巧总结为3点，如图3-8所示。

图 3-8　创作价值传达型标题的技巧

值得注意的是，在创作价值传达型标题时，UP主最好不要提供虚假信息，比如，"一分钟一定能够学会××""3大秘诀包你××"等。价值型标题虽然需要添加夸张的成分，但要把握好度，要有底线和原则。

价值型标题通常会出现在技术类的文案之中，主要是为用户提供实际、好用的知识和技巧。图3-9所示为应用价值传达型标题的典型案例。

用户在看见这种价值传达型标题时，会更加有动力去查看视频内容，因为这种类型的标题会给人一种学习这项技能很简单，而且不用花费过多的时间和精力就能学会的印象。

图 3-9　应用价值传达型标题的典型案例

3.2.3　独家分享型

独家分享型标题要从标题上体现UP主提供的信息是独有的珍贵资源，让用户觉得该视频值得点击和转发。从用户的心理方面来看，独家分享型标题所代表的内容一般会给人一种自己率先获知，而别人没有的感觉，因而在心理上更容易获得满足。

独家分享型标题会给用户带来独一无二的荣誉感，同时还会使得视频内容更加具有吸引力。那么，在创作这样的标题时，UP主应该怎么做呢？是直接点明"独家资源，走过路过不要错过"，还是运用其他方法来暗示用户这个视频的内容是与众不同的呢？

在这里，笔者想提供3点技巧，帮助UP主成功打造出夺人眼球的独家型标题，如图3-10所示。

图 3-10　打造独家分享型标题的技巧

使用独家分享型标题的好处在于可以吸引更多的用户，让用户觉得视频内容比较珍贵，从而帮你主动宣传和推广视频，让视频内容得到广泛的传播。图3-11所示为应用独家分享型标题的典型案例。

图 3-11　应用独家分享型标题的典型案例

独家分享型标题往往也暗示着视频内容的珍贵性，因此UP主需要注意，如果标题使用的是带有独家性质的形式，就必须保证视频内容也是独一无二的，即独家性标题要与独家性的内容相结合。

3.2.4　揭露解密型

揭露解密型标题是指为用户揭露某事物不为人知的秘密的一种标题。大部分人都有一种好奇心和八卦心理，而这种标题恰好可以抓住用户的这种心理，从而给用户传递一种莫名的兴奋感，充分引起他们的兴趣。

UP主可以利用揭露解密型标题做一个长期的专题，从而达到一段时间内或者长期凝聚用户的目的。而且这种类型的标题比较容易打造，只需把握3大要点即可，如图3-12所示。

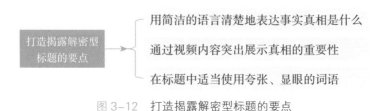

图 3-12　打造揭露解密型标题的要点

UP主在创作揭露解密型标题时，最好在标题中显示出冲突性和巨大的反差，这样可以有效地吸引用户的注意力，使用户认识到视频内容的重要性，从而愿意主动点击并查看视频内容。

图3-13所示为应用揭露解密型标题的案例。这个视频标题侧重于揭露事实真相，从标题上就做到了先发制人，因此能够有效地吸引用户的目光。

图 3-13　应用揭露解密型标题的案例

揭露解密型标题提供了具有价值的信息，能够为用户带来实际的利益。虽然所有的标题形式不一样，但是都带有自己的价值和特色，否则无法吸引用户的注意。

3.2.5　悬念制造型

好奇是人的天性，悬念制造型标题就是利用人的好奇心来打造视频标题的。可以这么说，标题中的悬念只是一个诱饵，用来引导用户查看视频内容，因为大部分人看到标题里有没被解答的疑问和悬念，就会忍不住进一步弄清楚到底怎么回事。这就是悬念型标题的套路。

悬念制造型标题在日常生活中运用得非常广泛，也非常受欢迎。人们在看电视剧时也会经常看到一些节目预告之类的广告，这些广告就会采取这种悬念制造型标题引起观众的兴趣。利用悬念创作标题的方法通常有4种，如图3-14所示。

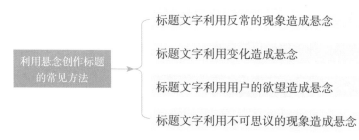

图 3-14　利用悬念创作标题的常见方法

悬念制造型标题的主要目的是增加视频的可看性，因此 UP 主需要注意的一点是，使用这种类型的标题，一定要确保视频内容确实能够让用户感到惊奇，充满悬念。不然就会引起用户的失望与不满，继而就会让用户对你的内容，乃至是账号感到失望。

悬念制造型标题是 UP 主青睐有加的标题形式之一，它的效果也是有目共睹的。如果不知道怎么打造标题，悬念型标题是一个很不错的选择。

悬念制造型标题如果仅仅是为了制造悬疑，这样一般只能够博取大众大概 1 ~ 3 次的关注，其效果很难持续很长时间。如果视频内容太无趣，无法达到引流的目的，那么这条视频就是一条失败的视频。

悬念制造型标题是运用得比较频繁的一种标题形式，很多视频都会采用这一标题形式来引起用户的注意，从而达到较为理想的营销效果和传播效果。图 3-15 所示为应用悬念制造型标题的典型案例。

图 3-15　应用悬念制造型标题的典型案例

3.2.6 借势热点型

借势热点是一种常用的标题创作手法，借势不仅完全是免费的，而且效果还很可观。借势热点型标题是指在标题上借助社会上一些时事热点、新闻的相关词汇来给视频造势，提高视频的播放量。

借势一般都是借助最新的热门事件吸引用户的眼球。一般来说，时事热点拥有一大批关注者，而且传播的范围也非常广，借助这些热点，视频的标题和内容曝光率会得到明显的提高。

那么，在打造借势热点型视频标题时，UP主应该掌握哪些技巧呢？笔者认为UP主可以从3个方面来努力，如图3-16所示。

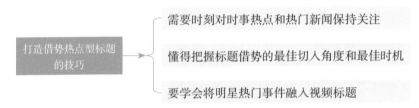

图 3-16　打造借势热点型短视频标题的技巧

2021年7月至8月举行的东京奥运会，中国运动健儿们表现亮眼，引来了全国至全世界人民的围观。正是因为这一点，许多UP主在创作标题时就借助了该热点，如图3-17所示。

图 3-17　应用借势热点型标题的案例

值得注意的是，UP主在打造借势型标题时，要注意两个问题：一是带有负面影响的热点不要蹭，大方向要积极向上，充满正能量，带给用户正确的思想引导；二是最好在借势热点型标题中加入自己的想法和创意，做到借势和创意的完美同步。

3.2.7　警示用户型

警示用户型标题常常通过发人深省的内容和严肃深沉的语调，给用户强烈的心理暗示，从而给用户留下深刻印象。警示用户型的新闻标题常常被很多UP主追捧和模仿。

警示用户型标题是一种有力量且严肃的标题，也就是通过标题给人警醒，从而引起用户的高度注意，UP主通常会将以下3种内容移植到警示用户型标题中，如图3-18所示。

图 3-18　警示用户型标题包含的内容

那么，警示用户型标题应该如何构思和打造呢？很多人只知道警示用户型标题容易夺人眼球，但具体如何打造却一头雾水。笔者在这里想分享3点技巧，如图3-19所示。

图 3-19　打造警示用户型标题的技巧

在打造警示用户型标题时，UP主需要注意采用此类标题的短视频是否合适，因为并不是每一条短视频都可以使用这种类型的标题的。

这种标题形式运用得恰当，能为视频加分，起到其他标题无法替代的作用。运用不当的话，很容易让用户产生反感情绪或引起一些不必要的麻烦。因此，

UP主在使用警示用户型新闻标题时要谨慎小心，注意用词是否恰当，绝对不能不顾内容胡乱编造标题。

警示用户型标题的应用场景很多，无论是技巧类的视频内容，还是供大众娱乐消遣的娱乐八卦新闻，都可以采用这一类型的标题形式。图3-20所示为运用警示用户型标题的案例。标题中的"注意"是关键词，让用户一眼就锁定标题，从而对视频内容产生兴趣。

图 3-20　运用警示用户型标题的案例

选用警示用户型这一标题形式，主要是为了提升关注度，大范围地传播视频。因为警示的方式往往更加醒目，涉及了用户的利益。如果这样做可能让用户的利益受损，那么可能本来不想看的用户，也会点击查看视频内容。原因很简单，因为对涉及自身利益的事情用户都是最关心的。

3.2.8　紧急迫切型

很多人或多或少都有一点拖延症，总是需要在他人的催促下才愿意动手做一件事。紧急迫切型标题有一种类似于催促用户赶快查看视频的意思，它能够给用户传递一种紧迫感。

使用紧急迫切型标题的视频，往往会让用户产生现在不看就会错过什么的感觉，从而立马查看视频。那么，这类标题具体应该如何打造呢？笔者将相关技巧总结为3点，如图3-21所示。

图 3-21　打造紧急迫切型标题的技巧

　　紧急迫切型标题能够促使用户赶快行动起来，而且这种标题的打造方法也切合用户利益。图3-22所示为应用紧急迫切型标题的典型案例。

图 3-22　应用紧急迫切型标题的案例

3.2.9　观点表达型

　　观点表达型标题是以表达观点为核心的一种标题形式，一般会在标题上精准到人，并且把人名"镶嵌"在标题之中。值得注意的是，这种类型的标题还会在人名的后面紧跟对某件事的个人观点或看法。

　　观点表达型标题比较常见，而且可使用的范围比较广泛，常用公式有5种，如图3-23所示。

　　当然，公式是比较刻板的，在实际应用此类标题的过程中，不可能完全按照公式来做，只能说它可以为UP主提供大致的方向。那么，在创作观点表达型标题时，有哪些经验技巧可以借鉴呢？笔者总结了3点，如图3-24所示。

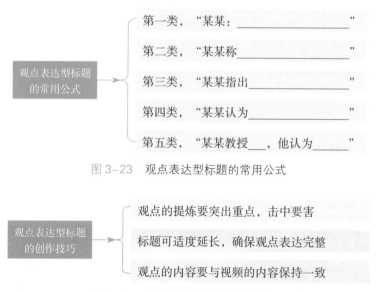

图 3-23　观点表达型标题的常用公式

图 3-24　观点表达型标题的创作技巧

观点表达型标题的好处在于一目了然，"人物+观点"的形式往往能在第一时间引起用户的注意，特别是当人物声名在外时，用户对视频中表达的观点会更容易产生认同感。

图3-25所示为应用观点表达型标题的案例，这条短视频就是通过标题表达英国教授的观点，来吸引用户关注的。

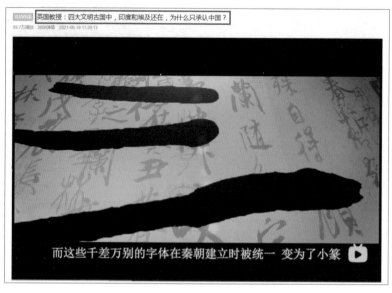

图 3-25　应用观点表达型标题的案例

3.2.10　数字具化型

数字具化型标题是指在标题中呈现出具体的数字，通过数字的形式来概括相关的主题内容。数字不同于一般的文字，它会给用户留下比较深刻的印象，与用户的心灵产生奇妙的碰撞。为短视频应用数字具化型标题有不少好处，具体体现在3个方面，如图3–26所示。

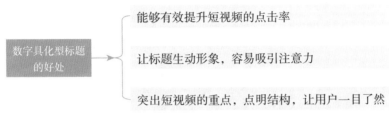

图 3–26　数字具化型标题的好处

数字具化型标题也很容易打造，它是一种概括性的标题，只要做到3点就可以，如图3–27所示。

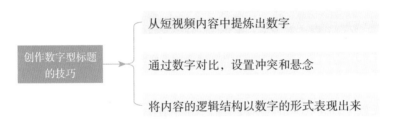

图 3–27　创作数字具化型标题的技巧

此外，数字具化型标题还包括很多不同的类型，比如时间、年龄等，具体来说可以分为3种，如图3–28所示。

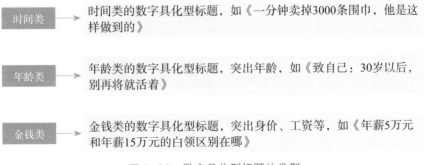

图 3–28　数字具化型标题的类型

数字具化型标题比较常见，它通常采用悬殊的对比、层层的递进等方式呈现，目的是营造一个比较新奇的情景，对用户产生视觉上和心理上的冲击。图3-29所示为应用数字具化型标题的案例。

图 3-29 应用数字具化型标题的案例

事实上，很多内容都可以通过具体的数字总结和表达，只要把想重点突出的内容提炼成数字即可。同时还要注意，UP主在打造数字具化型标题时，最好使用阿拉伯数字，统一数字格式，尽量把数字放在标题前面。

3.2.11 视觉冲击型

不少人认为"力量决定一切"，这种观点虽然带有强烈的主观意识，但还是有着一定的道理的。冲击力作为力量范畴中的一员，在短视频的标题中有着它独有的价值和魅力。所谓"冲击力"，即在视觉和心灵上给人的触动，也是引起用户关注的原因所在。

在撰写具有视觉冲击力的标题时，要善于利用"第一次"和"比……还重要"等类似的较具有极端性特点的词汇——因为受众往往比较关注那些具有特别突出特点的事物，而"第一次"和"比……还重要"等词汇是最能充分体现其突出性的，往往能给用户带来强大的戏剧冲击感和视觉刺激感。

图3-30所示为应用带有视觉冲击感标题的案例。这条短视频的标题就是利

用"第一次"这种较极端性的语言，给用户带来了一种视觉上，乃至是心理上的冲击的。

图 3-30　应用视觉冲击型标题的案例

3.2.12　励志鼓舞型

励志鼓舞型标题最为显著的特点就是"现身说法"，一般通过第一人称的方式讲故事，而且故事的内容包罗万象。但成功的励志鼓舞型标题离不开成功的方法、教训或经验等。

如今，很多人都想致富，却苦于没有致富的方法，如果这个时候他们看到励志鼓舞型短视频，知道了他人是怎样打破枷锁，走上人生巅峰的，内心就会受到鼓舞，一扫心中阴霾，对未来充满信心。当他们喜欢观看这类励志鼓舞型的标题时，哪怕不点开短视频，也能感受到这种标题结构带来的吸引力。总的来说，励志鼓舞型标题的模板主要有两种，如图3-31所示。

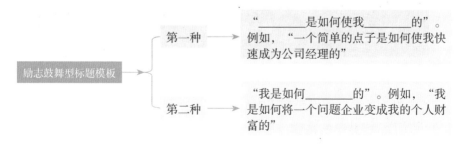

图 3-31　励志鼓舞型标题的两种模板

59

励志鼓舞型标题的好处在于煽动性强，容易制造一种鼓舞人心的感觉，勾起用户的斗志，从而提升短视频的完播率。

那么，UP主打造励志鼓舞型标题是不是单单依靠模板就好了呢？答案是否定的，模板固然可以借鉴，但在实际的操作中，还是要根据不同的内容来研究特定的励志型标题。总的来说，UP主有以下3个技巧可借鉴，如图3-32所示。

图 3-32　打造励志鼓舞型标题可借鉴的技巧

一个成功的励志型标题不仅能够带动用户的情绪，而且还能促使用户对短视频内容产生极大的兴趣。图3-33所示为应用励志鼓舞型标题的典型案例，该标题就带有较强的励志性。

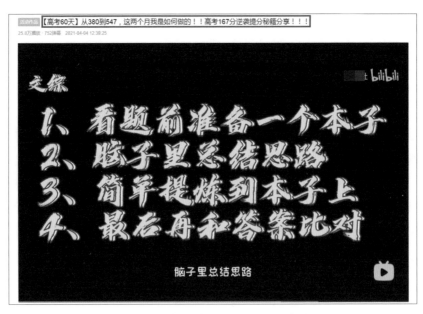

图 3-33　应用励志鼓舞型标题的案例

励志鼓舞型标题一方面是利用B站用户想要获得成功的心理，另一方面则是巧妙地掌握了情感共鸣的精髓，通过带有励志色彩的字眼来引起受众的情感共鸣，从而成功吸引用户的目光。

3.3 撰写标题的误区

在撰写标题时，UP主要注意不要走入误区，一旦标题出现失误，便会对短视频的相关数据造成不可小觑的影响。本节将从撰写标题容易出现的4个误区出发，给UP主介绍如何更好地打造短视频标题。

3.3.1 表述模糊不清

在撰写标题时，要注意避免为了追求标题的新奇性而出现表述模糊的现象。很多UP主会为了使自己的短视频标题更加吸引用户的目光，一味地追求标题的新奇，这可能导致标题模糊不清。

何为表述模糊？所谓"模糊"，是指语言不确定、表达方式或表达的含义模棱两可。如果在标题上表述"模糊"，那么短视频用户看到标题后可能完全不知道UP主想要说的是什么，甚至觉得整个标题都很乱，完全没有重点。

因此，在撰写标题时，UP主尤其要注意标题表达的准确性，要明确标题重点，要让用户在看到标题时，就能知道短视频大致讲的是什么。一般来说，UP主要想将标题表述清楚，就要做到找准内容的重点，明确内容中的名词，如人名、地名、事件名等。

3.3.2 使用无关词汇

一些UP主为了让自己的标题变得更加有趣，会将一些与标题没有多大联系，甚至将根本没有关联的词汇夹杂在标题之中，想以此达到吸引用户注意力，从而快速涨粉的目的。

这样的标题可能在刚开始时会引起用户的注意，用户可能也会被标题所吸引而点击查看。但时间一久，用户便会拒绝这样随意添加无关词汇的标题。这种做法造成的影响对于一个品牌或者产品来说是长久的。所以，UP主在撰写标题时，一定不要将无关词汇用在标题中。标题中使用的无关词汇，也有很多种类型，如图3-34所示。

图 3-34　在标题中使用的无关词汇的类型

在撰写标题时，词汇的使用一定要与标题内容有关联，UP主不能为了追求标题的趣味性随意乱用无关词汇，应该学会巧妙地将词汇与标题内容紧密结合在一起，使词汇和标题内容融会贯通、相互照应，只有这样，该短视频的标题才算得上是一个成功的标题。否则，不仅会对用户造成一定程度的欺骗，也会变成所谓的"标题党"。

3.3.3　使用负面表达

UP主撰写标题的目的就是吸引用户的目光，只有标题吸引到了用户的注意，他们才想要查看短视频。基于这一情况，某些UP主的标题出现了一味追求吸睛效果而出现负面表达的情况。

人们大多愿意接受好的东西，而不愿意接受坏的东西。这一情况也提醒UP主，在撰写标题时要尽量避免使用太过负面的表达方式，要用正面的、健康的、积极的方式进行表达，给用户一个好的引导。

例如，在表示食用盐时，最好采用"健康盐"的说法。例如，使用《教你如何选购健康盐》这个标题，要避免使用"对人体有害"这一负面的表达，这样才能让短视频中内容和产品更容易被用户接受。

3.3.4　比喻不太得当

比喻式的标题能将某事物变得更为具体和生动，具有化抽象为具体的强大功能。所以，采用比喻的形式撰写标题，可以让用户更加清楚地了解标题当中出现的内容，或者UP主想要表达的思想和情绪。这对于提高短视频的相关数据也能起到十分积极的作用。

但是，在标题中运用比喻，也要注意比喻是否得当的问题。一些UP主在使用比喻式的标题来吸引用户目光时，常常会出现比喻不当的错误，也就是本体和喻体没有太大联系，甚至两者毫无相关性。

短视频标题之中一旦出现比喻不当的情况，用户就很难在短视频标题之中找到自己想要的信息，那么标题也就失去了它存在的意义。这不仅不能被用户接受和喜爱，还可能因为比喻不当，让用户产生怀疑和困惑，从而影响短视频的传播效果。

第 4 章

快速完成优质内容的输出

在运营B站账号的过程中，内容的输出非常关键。如果UP主输出的内容比较优质，那么便可以获得大量的点击和关注。这一章笔者就来介绍内容的打造技巧，帮助UP主快速完成优质内容的输出。

4.1 了解内容定位的方法

内容定位就是为UP主的运营确定一个方向，为内容的发布指明方向。那么，如何进行内容定位呢？笔者认为可以从4个方面进行思考，这一节就来进行具体分析。

4.1.1 根据自身的专长定位

对于拥有自身专长的人群来说，根据自身专长来定位是一种较为直接和有效的定位方法。UP主只需对自己或团队成员进行分析，然后选择某个或某几个专长，进行内容定位即可。

例如，某位UP主拥有动人的嗓音，他的音乐作品大多是自己团队成员作词作曲的。根据这个专长，他将自己短视频的内容定位为音乐作品分享。图4-1所示为该UP主发布的音乐短视频。

图 4-1 某 UP 主发布的音乐短视频

当然，自身专长包含的范围很广，除了唱歌、跳舞等才艺，还包括其他诸多方面，就连游戏玩得出色也是自身的一种专长。

4.1.2 根据内容稀缺性定位

UP主可以从B站中相对稀缺的内容出发，进行内容定位。例如，某UP主经常发布以动物为主角的短视频。如果只是分享普通动物的短视频，那么很多UP主都可以做。而该UP主发布的短视频的独特之处就在于它结合动物的表现进行了一些特别的处理。

　　具体来说，当短视频中的动物张嘴叫出声时，该UP主会同步配上一些字幕，如图4-2所示。这样一来，用户就会觉得，动物要表达的就是字幕打出来的内容。结合字幕和动物在短视频中的表现，就会让人觉得动物们灵动、可爱。

图4-2　给动物的叫声配上字幕

　　B站上动物类短视频不少，但是像这种能够看出动物性格特点的短视频却是比较少的。因此，这样的内容定位很容易就获取了许多人的持续关注。

4.1.3　根据用户的需求定位

　　通常来说，用户有需求的内容更容易受到欢迎。因此，UP主结合用户的需求进行定位，也是一种不错的内容定位方法。

　　大多数女性用户都有化妆的习惯，但又觉得自己的化妆水平不太高。因此，这些女性用户通常都会对美妆类内容比较关注。在这种情况下，UP主如果对美妆内容比较擅长，那么将内容定位为美妆内容分享就比较合适了。

　　例如，某UP主本身就是入驻微博等平台的美妆博主，再加上B站许多女性用户对美妆类内容比较感兴趣。因此，她入驻B站之后，便将内容定位为美妆内容分享，持续为用户分享美妆类内容。图4-3所示为该UP主发布的美妆短视频。

　　除了美妆，用户普遍需求的内容还有很多，比如音乐、舞蹈、游戏、美食等。以美食制作类短视频为例，B站中的许多用户，特别是比较喜欢做菜的用户，通常都会在B站中寻找一些新菜色的制作方法。因此，如果UP主本身就是厨师，或者会做的菜肴比较多，那么UP主可以将内容定位为美食制作。

例如，某UP主就经常在自己的账号中发布美食类短视频，因为该账号将美食制作过程进行了比较详细的展示，再加上许多菜肴都是用户想要学习制作的。因此，她发布的短视频轻易就能获得大量的播放和点赞。图4-4所示为该UP主发布的美食制作类短视频。

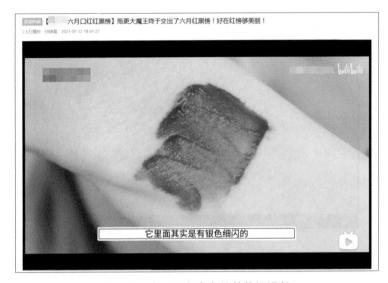

图 4-3　某 UP 主发布的美妆短视频

图 4-4　某 UP 主发布的美食制作类短视频

4.1.4　根据品牌的特性定位

相信大家一看本节的标题就明白，这是一个B站企业号的内容定位方法。许多企业和品牌在长期的发展过程中可能已经形成了自身的特色。此时，如果根据这些特色进行内容定位，通常比较容易获得用户的认同。

根据品牌特色做定位可以细分为两种方法。一是利用能够代表企业的物品进行内容定位；二是根据企业或品牌的业务范围进行内容定位。

某B站企业号就是一个以代表企业的品牌形象进行内容定位的B站账号。这个账号经常会分享一些短视频，在这些短视频中，UP主会将品牌的卡通形象作为主角，如图4-5所示。

图 4-5　将品牌卡通形象作为主角打造短视频

熟悉这个品牌的人群，都知道这个品牌的卡通形象就是短视频中的这三只松鼠。因此，该账号的视频内容便具有了自身的品牌特色，而且这种通过卡通形象传达的信息往往更容易被人记住。

4.2　做好内容策划和人设打造

UP主在打造短视频之前，一定要对将要拍摄的内容进行定位，并且根据这个定位来策划和拍摄，这样才能快速形成独特、鲜明的人设标签。这一节笔者就来介绍内容策划和人设打造的相关技巧。

4.2.1　重视剧情的设计

B站上大部分上热门推荐的短视频，都是经过UP主精心策划的。因此，剧本策划也是成就热门短视频的重要条件。剧本可以让短视频的剧情始终围绕主题，保证内容的方向不会产生偏差。

在策划短视频剧本时，UP主需要注意以下5个规则。

（1）选题有创意。短视频的选题尽量独特、有创意，同时要建立自己的选题库和标准的工作流程。这不仅能够提高创作的效率，而且还可以刺激用户持续观看的欲望。例如，UP主可以多收集一些热点加入到选题库中，然后结合这些热点来创作短视频。

（2）剧情有落差。B站短视频的时长和抖音、快手不同，长的有一个小时，短的可能只有几分钟。如果UP主想要在短时间内将大量的信息展示出来，可以将剧本内容设计得更紧凑一些。尽管如此，UP主还是要脑洞大开，在剧情上安排一些高低落差来吸引用户的眼球。

（3）内容有价值。不管是哪种内容，UP主都要尽量给用户带来价值，让用户觉得值得为这条短视频付出时间成本。例如，UP主如果做搞笑类的短视频，那么就需要能够给用户带来快乐；UP主如果做美食类的短视频，那么食材要容易购买，烹饪方法要容易上手。

（4）情感有对比。UP主也可以采用一些简单的拍摄手法，来展现生活中的场景，同时也可以加入更容易打动用户的情感元素，带动用户情绪。

（5）时间有把控。UP主需要合理地安排短视频的时间节奏。一般来说，笔者建议UP主将短视频的时长控制在半小时以内。如果时长超过半小时，那么用户很难坚持看下去；如果时长只有十几秒，难以讲述一个完整而又意味深长的故事。

策划剧本，就好像写一篇作文，除了有主题思想，其开头、中间及结尾也很重要。此外，情节的设计就是丰富剧本的组成部分，就像小说中的情节设置。一本吸引人的小说必定少不了跌宕起伏的情节，短视频的剧本也一样，因此在策划时要注意3点，如图4-6所示。

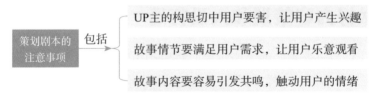

图 4-6　策划短视频剧本的注意事项

4.2.2　打造人格化的IP

从字面意思来看，IP的全称为intellectual property，其大意为"知识产权"，百度百科的解释为"权利人对其智力劳动所创作的成果和经营活动中的标记、信誉所依法享有的专有权利"。

如今，IP常常用来指代那些有人气的东西，包括现实人物、书籍动漫、影视作品、虚拟人物、游戏、景点、综艺节目、艺术品和体育等领域火爆的元素。图4-7所示为IP的主要特点。

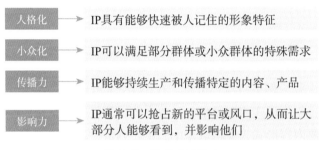

图 4-7　IP 的主要特点

在B站短视频领域，个人IP是基于内容定位来形成的，而超级IP不仅有明确的内容定位，而且还能够跨界发展。下面笔者总结了两个UP主的IP特点，如表4-1所示。用户可以从中发现他们的风格特点，从而更好地规划自己的内容定位。

表 4-1　B 站 UP 主的 IP 特点分析

B 站 UP 主	粉丝数量	IP 内容特点
影视解说类 UP 主	243.5 万	该 UP 主以犀利精辟的语句和快速的解说语调深受粉丝的欢迎。此外，他解说影视剧的角度往往与其他 UP 主不同，并且解读更为深刻
美食制作类 UP 主	437.4 万	该 UP 主是一个 29 岁的小伙，他教人做菜的短视频与抖音、快手上的短视频不一样，画面简洁粗暴，没有添加任何滤镜。而且，他的短视频中所做的菜看大多是家常菜，用户可操作、可复制性很强

通过分析上面这两个UP主，可以看到，他们身上都有非常明显的个人标签，这些就是他们的IP特点。这些特点能够让他们的内容风格更加清晰和统一，让他们的人物形象深深印在粉丝的脑海中。

对于普通人来说，在这个新媒体时代，要变成超级IP并不难，关键是如何去做。笔者总结了一些打造IP的方法和技巧，具体如下。

（1）内容吸睛。能够带动用户的情绪共鸣，主动产生流量，如幽默搞笑的内容可以让人放松，有用的才艺技能能够让人模仿学习等。

（2）有辨识度。IP需要有鲜明的人设魅力，这样粉丝对于他们的身份也会产生认同，从而自带势能和流量，同时具有更加持久的生命力。

（3）有吸引力。UP主可以通过基于人设的运营，打造强烈的个人风格，同时为IP注入情感价值，来引爆你个人品牌的影响力。

（4）提升技能。IP不仅要起好名字，还需要打造一个让人容易记忆和产生好感的形象，同时更要不断提升自己的知识技能，并将其输出给用户。

4.2.3 多做有创意的视频

原创视频中融入了UP主的创意，通常会让人看得意犹未尽。下面笔者以电影解说类创意视频为例进行具体分析。在B站经常可以看到各种电影解说的视频作品，这种内容创作形式相对简单，只要会剪辑软件的基本操作即可完成。电影解说视频的主要内容形式为剪辑电影中的主要剧情桥段，同时加上语速轻快、幽默诙谐的配音解说。

这种内容形式的主要难点在于需要在短时间内将电影内容说出来，这需要UP主具有极强的文案策划能力，能够让用户对电影情节产生一个大致的了解。电影解说类视频的制作技巧如图4-8所示。

图4-8 电影解说类短视频的制作技巧

4.2.4　注意题材的多样化

生活中可以拍摄的短视频题材有很多，B站热门的短视频题材主要有搞笑类、舞蹈类、音乐类和美食类等，限于篇幅，笔者仅以搞笑类题材作为分析对象。

打开B站热门推荐，随便点开几条短视频，就会看到其中有搞笑类的短视频。这是因为短视频毕竟是人们在闲暇时间用来放松或消遣的娱乐方式，因此平台也非常喜欢这种搞笑类的短视频，更愿意将这些内容推送给用户，增加用户对平台的好感，同时让平台变得更为活跃。

UP主在拍摄搞笑类短视频时，可以从以下几个方面入手来创作。

（1）剧情搞笑。UP主可以通过自行招募演员、策划剧本，来拍摄具有搞笑风格的短视频。这类短视频中的人物形体和动作通常都比较夸张，同时语言幽默搞笑，感染力非常强。

（2）创意剪辑。通过截取一些搞笑的影视短片画面，并配上字幕和背景音乐，制作成创意搞笑的短视频。

（3）犀利吐槽。对于语言表达能力比较强的用户来说，可以直接用真人出镜的形式，来上演脱口秀节目，吐槽一些接地气的热门话题或者各种趣事，加上非常夸张的造型、神态和表演，来给用户留下深刻印象，吸引粉丝关注。

当然，UP主也可以自行拍摄各类原创幽默搞笑段子，变身搞笑达人，轻松获得大量粉丝关注。这些搞笑段子最好来源于生活，与大家的生活息息相关，或者就是发生在自己周围的事，这样会让人们产生亲切感。

掌握短视频拍摄的常见技巧

在短视频的制作过程中，短视频的拍摄无疑是非常关键的，只有拍好了，才能提供优质的素材。这一节笔者就来重点为UP主解说短视频拍摄的一些常见技巧。

4.3.1　根据需求购买拍摄设备

短视频的主要拍摄设备包括手机、单反相机、微单相机、迷你摄像机和专业摄像机等，UP主可以根据自己的资金状况来选择。UP主首先需要对自己的拍摄需求做一个定位，例如，到底是用来进行艺术创作，还是纯粹来记录生活。对于后者，笔者建议选购一般的单反相机、微单相机或者好点的拍照手机即可。

只要UP主掌握了正确的拍摄技巧和拍摄思路，即使是便宜的摄影设备，也可以创作出优秀的短视频作品。

1.要求不高的用户，使用手机即可

对于那些对短视频品质要求不高的UP主来说，普通的智能手机即可满足拍摄需求，这也是目前大部分UP主使用的拍摄设备。

智能手机的摄影功能在过去几年里得到了长足进步，手机摄影也变得越来越流行，主要原因在于手机的功能越来越强大、手机价格比单反更具竞争力、移动互联时代分享上传短视频更便捷等，而且手机可以随身携带，满足随时随地拍摄视频的需求，让用户也进入"全民拍视频时代"中。

手机摄影功能的出现，使拍短视频变得更容易实现，成为了人们生活中的一种习惯。如今，很多优秀的手机摄影作品甚至可以与使用数码相机拍摄的作品媲美。

2.专业拍视频，可使用单反或摄像机

如果UP主专业从事摄影或者视频制作方面的工作，或者是"骨灰级"的视频玩家，那么单反相机或者高清摄像机是必不可少的摄影设备，如图4-9所示。

图 4-9　单反相机和高清摄像机

★ 专 家 提 醒 ★

微单相机是一种跨界产品，功能介于单反相机和卡片机，最主要的特点就是没有反光镜和棱镜，因此体积也更加微型小巧，同时还可以获得媲美单反的画质。微单相机比较适用于普通用户的拍摄需求，不仅比单反相机更加轻便，而且还拥有专业性与时尚的特质，同样能够获得不错的画质和表现力。

UP主可以选择购买全画幅微单相机，因为这种相机的传感器比较大，感光度和宽容度都较高，拥有不错的虚化能力，画质也更好。同时，用户可以根据不同视频题材，来更换合适的镜头，拍出有电影感的画面。

此外，这些专业设备拍摄的视频作品通常还需要结合计算机进行后期处理，否则效果不能够完全展现出来。

4.3.2　利用灯光提升短视频画面的美感

在室内或者专业摄影棚内拍摄视频时，通常需要保证光感清晰、环境敞亮、可视物品整洁，这就需要明亮的灯光和干净的背景。光线是获得清晰视频画面的有力保障，不仅能够增强画面美感，而且UP主还可以利用光线来创作更多有艺术感的视频作品。下面笔者介绍一些拍摄专业短视频时较常用的灯光设备。

图 4-10　八角补光灯

（1）八角补光灯：具体打光方式以实际拍摄环境为准，建议一个顶位，两个低位，适合各种音乐类、舞蹈类等短视频的拍摄，如图4-10所示。

（2）顶部射灯：功率大小通常为15W～30W，UP主可以根据拍摄场景的实际面积和安装位置来选择合适的射灯强度和数量，适合舞台、休闲场所、居家场所、娱乐场所、服装商铺和餐饮店铺等拍摄场景，如图4-11所示。

图 4-11　顶部射灯

4.3.3　借助构图提高内容质量

UP主的短视频要想获得系统推荐，快速上热门，好的内容和质量是基本要求，而构图则是拍好短视频必须掌握的基础技能。UP主可以用合理的构图方式来突出主体、聚集视线和美化画面，从而突出短视频中的人物或景物的吸睛之点，以及掩盖瑕疵，让短视频的内容更加优质。

视频画面构图主要由主体、陪体和环境3大要素组成，主体对象包括人物、动物和各种物体，是画面的主要表达对象；陪体是用来衬托主体的元素；环境则是主体或陪体所处的场景，通常包括前景、中景和背景等。

下面笔者总结了一些热门短视频的构图形式，大家在拍摄时可以参考运用，如图4-12所示。

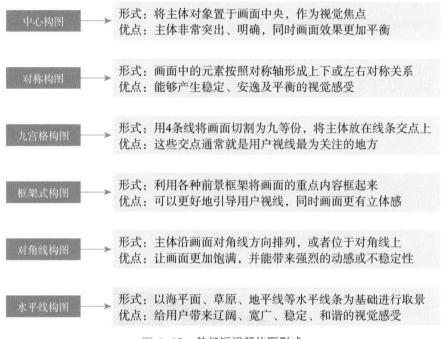

图 4-12　热门短视频构图形式

4.3.4　巧用运镜拍出大片的感觉

在拍摄短视频时，UP主同样需要在镜头的角度、景别及运动方式等方面下功夫，掌握Vlog"大神"们常用的运镜手法（下文笔者以摇移运镜和横移运镜为例进行说明），能够帮助用户更好地突出短视频的主体和主题，让用户的视线集中在你要表达的对象上，同时让短视频作品更加生动，更有画面感。

1. 摇移运镜

摇移运镜是指保持机位不变，朝着不同的方向转动镜头。摇移运镜的镜头运动方向可分为左右摇动、上下摇动、斜方向摇动和旋转摇动这4种方式，具体如图4-13所示。简单地理解，摇移运镜就像是一个人站着不动，然后转动头部或身体，用眼睛向四周观看身边的环境。

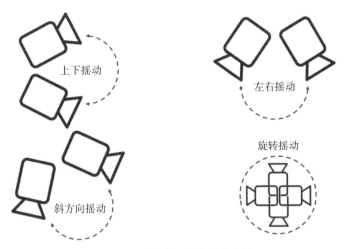

图 4-13　摇移运镜的操作方法

UP主在使用摇移运镜拍摄短视频时，可以借助手持云台稳定器更加方便、稳定地调整镜头方向。摇移运镜通过灵活地变动拍摄角度，能够充分地展示主体所处的环境特征，可以让用户在观看短视频时产生身临其境的视觉体验。

2. 横移运镜

横移运镜是指拍摄时镜头按照一定的方向水平移动，如图4-14所示。横移运镜通常用于跟随剧中的情节，如人物在沿直线方向走动时，镜头也跟着横向移动，更好地展现出空间关系，而且能够扩大画面的空间感。

在使用横移运镜拍摄短视频时，UP主可以借助摄影滑轨设备，来保持手机或相机的镜头在移动拍摄过程中的稳定性。

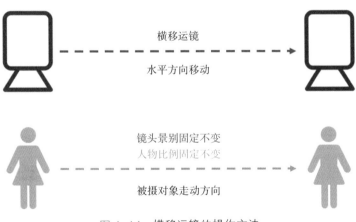

图 4-14　横移运镜的操作方法

4.4 通过后期处理提高短视频质量

对于有视频编辑基础的UP主，可以在计算机上用专业软件对拍摄的短视频进行编辑；如果UP主自身没有视频编辑基础，或者缺乏相关条件，可以选择用B站App自带的视频编辑器，对拍摄的短视频进行简单的编辑。

4.4.1 设置画面亮度

在V5.4版本之后，B站App已经支持修改视频画面的亮度了。需要修改视频画面亮度的UP主，先将移动客户端B站App更新至V5.4以上，即可按照下面介绍的操作步骤设置画面亮度。

步骤 01 打开B站App，进入"我的"界面。点击界面中的"发布"按钮，如图4-15所示。

步骤 02 操作完成后，会进入一个新的界面。点击该界面中的"上传视频"按钮，如图4-16所示。

图 4-15 点击"发布"按钮

图 4-16 点击"上传视频"按钮

步骤 03 进入"视频"界面，❶点击需要发布的视频上方的⊕图标，❷点击"下一步"按钮，如图4-17所示。

步骤 04 跳转至视频编辑界面，将底部导航向右滑动至尽头，点击下方的"滤镜"按钮，如图4-18所示。

步骤 05 操作完成后，跳转至滤镜选择界面，该界面默认按钮为"人物"滤镜按钮。此处UP主应该点击"自定义"按钮，如图4-19所示。

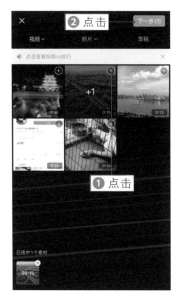

图 4-17　点击"下一步"按钮

图 4-18　点击"滤镜"按钮

步骤 06 操作完成后，跳转至自定义滤镜界面，①滑动亮度条，调节好画面的亮度，②点击✓图标，如图4-20所示。

图 4-19　点击"自定义"按钮

图 4-20　点击✓图标

77

步骤 07 操作完成后，即可完成视频画面的亮度设置。图4-21所示为设置视频画面亮度前后效果对比。

（1）设置视频画面亮度前

（2）设置视频画面亮度后

图 4-21　设置视频画面亮度前后效果对比

4.4.2　使用转场功能

当UP主选择对两段视频或两段以上的视频素材进行合并时，可以利用B站App的编辑器加上转场效果，使视频素材之间的衔接不显得突兀。具体来说，UP主可以通过如下步骤使用转场功能。

步骤 01 执行4.4.1中的步骤01和02，进入"视频"界面。❶点击两条视频上方的⊕图标，❷点击"下一步"按钮，如图4-22所示。

步骤 02 跳转至视频编辑界面，点击视频素材之间的➕图标，如图4-23所示。

图 4-22　点击"下一步"按钮

图 4-23　点击➕图标

步骤03 操作完成后，会弹出一个选择对话框，点击对话框中的"转场效果"按钮，如图4-24所示。

步骤04 跳转至"转场"界面，❶点击转场效果对应的按钮，如"弹跳拉开"按钮；❷点击✅图标，如图4-25所示。

图 4-24　点击"转场效果"按钮　　　　图 4-25　点击✅图标

步骤05 操作完成后，即可添加转场效果。图4-26所示为"弹跳拉开"转场的效果。

图 4-26　"弹跳拉开"转场的效果

4.4.3　添加文字

有时候单纯的画面不足以说明视频内容，此时UP主便可以通过添加文字来进行补充说明。下面笔者就来介绍添加文字效果的步骤。

步骤 01 执行4.4.1中的步骤01至03，进入视频编辑界面。点击界面中的"文字"按钮，如图4-27所示。

步骤 02 操作完成后，在新界面中会显示"点击输入文字"字样。在界面下方选择文字模板，如图4-28所示。

图 4-27 点击"文字"按钮

图 4-28 选择文字模板

步骤 03 操作完成后，会弹出文字输入框。❶输入文字内容，❷点击"确定"按钮，如图4-29所示。

步骤 04 操作完成后，视频画面中便会显示输入的文字内容，如图 4-30 所示。

图 4-29 点击"确定"按钮

图 4-30 显示输入的文字内容

步骤 05 拖动文字显示框，将文字放置在画面中合适的位置。图4-31所示为最终的文字显示效果。

图 4-31　最终的文字显示效果

4.4.4　为视频添加音乐

UP主可以为视频添加音乐，增强视频的视听效果。具体来说，UP主可以通过如下步骤为视频添加音乐。

步骤 01 执行4.4.1中的步骤01至03，进入视频编辑界面。点击界面中的"音乐"按钮，如图4-32所示。

步骤 02 操作完成后，会弹出一个对话框。点击对话框中的"添加"按钮，如图4-33所示。

图 4-32　点击"音乐"按钮

图 4-33　点击"添加"按钮

步骤 03 操作完成后，进入"音乐"界面。在界面中❶输入音乐名称，如"故乡的云"，搜索音乐；❷点击搜索结果中需要使用的音乐后方的"使用"按钮，如图4-34所示。

步骤 04 操作完成后，视频轨道上方会出现一条带有音乐名称的音频轨道，点击界面下方的 ✓ 图标，即可完成视频音乐的添加，如图4-35所示。

图 4-34 点击"使用"按钮

图 4-35 点击 ✓ 图标

第 5 章

吸粉引流获取更多的流量

对于 UP主来说，获取可观收益的一个关键方式是获得足够的流量。那么，UP主如何实现快速引流呢？

这一章笔者将从平台内引流和平台外引流两个角度，帮助UP主快速聚集大量用户，增加账号的粉丝量。

5.1 站内引流技巧

B站内的流量只是平台的流量，它属于公域流量。而UP主在运营账号的过程中需要做的就是通过引流推广，让用户关注你的账号，从而让公域流量变成私域流量。

5.1.1 抽奖引流

在B站上我们常常能看到UP主做一些抽奖活动，给粉丝送出一些周边或电子产品，如图5-1所示。这种做法不仅可以提高UP主自己在粉丝心目中的形象，增强粉丝的黏性，而且因为是抽奖活动，也能吸引更多的粉丝关注UP主，从而达到吸粉引流的目的。

图 5-1　UP 主的抽奖活动

5.1.2 认证引流

当UP主的个人认证通过审核时，认证信息会显示在个人主页下方，图标为黄色⚡，如图5-2所示；如果是企业认证则图标为蓝色⚡，如图5-3所示。

如果UP主获得了官方荣誉，比如"2020年度百大UP主"，那么该荣誉也会显示在认证信息里，如图5-4所示。

无论是个人认证、企业认证，还是官方荣誉，这些都可以增强UP主的权威性，以吸引更多的粉丝。

图 5-2　个人认证

图 5-3　企业认证

图 5-4　官方荣誉

5.1.3　互推引流

互推引流指的是B站账号之间进行互推，也就是两个或者两个以上的UP主之间达成协议，进行粉丝互推，达到共赢的目的。

相信大家在很多B站视频中，曾见到某一个UP主专门给其他UP主拍摄视频的情况，这种推广就算得上是B站账号互推。这两个或多个UP主会约定好有偿或者无偿为对方进行推广，这种推广很快就能见到效果。

UP主在采用B站账号互推吸粉引流的时候，需要注意一点，找的互推账号类型尽量不要跟自己是一个类型的，因为这样运营者之间会存在一定的竞争。

两个互推的B站账号之间尽量互补。例如，你的B站账号是卖健身用品的，那么你选择互推的账号时，就应该先考虑找那些推送减肥教程的B站账号，这样获得的粉丝才是有价值的。

5.1.4 矩阵引流

所谓B站营销矩阵，简单来说就是将多个B站账号组合起来共同进行营销。具体来说，根据账号运营者的不同，B站账号矩阵大致可分为两类，一类是个人矩阵；另一类是团队矩阵。

个人矩阵是一个运营主体（可以是个人，也可以是团队），同时运营多个B站账号。团队矩阵则是将有联系的B站账号联合起来，共同进行营销。常见的团队矩阵包括家庭矩阵和企业矩阵。

例如，小米公司在B站上运营了多个账号，这些账号便形成了一个企业矩阵，如图5-5所示。

图 5-5　企业矩阵

5.1.5 弹幕引流

弹幕引流操作相对来说比较简单，UP主只要在弹幕里发送引流信息就行。不过需要注意的是，引流的弹幕要有针对性。比如，卖化妆品的UP主选择在化妆视频里发引流弹幕。

如果UP主使用的是新账号，那么该账号无法发弹幕。当然，UP主也可以通过一些简单的操作，开通弹幕功能，具体步骤如下。

步骤 01 进入B站的视频播放页面，单击弹幕输入框中的"转正"按钮，如图5-6所示。

图 5-6　单击"转正"按钮

步骤 02 操作完成后，进入转正答题页面，如图5-7所示。系统为用户准备了100道题，每道题1分，答题得分达到60分即可转正，并开通弹幕功能。

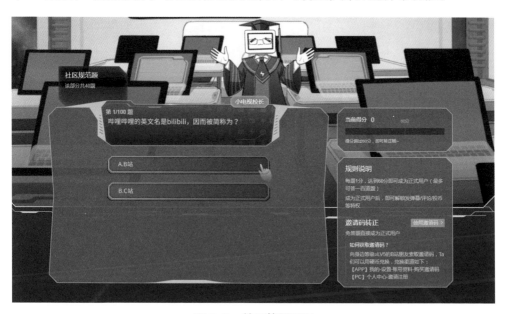

图 5-7　转正答题页面

步骤 03 当答题得分达到60分时，单击页面右方的"提前交卷"按钮，如图5-8所示。

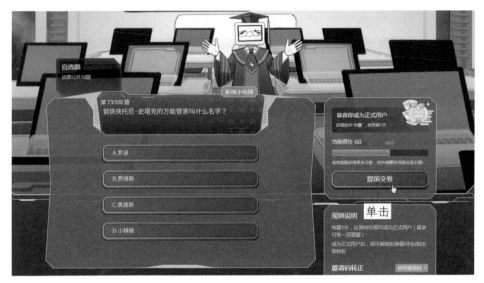

图 5-8　单击"提前交卷"按钮

步骤04 操作完成后，页面中如果显示"晋级大成功"，就说明转正成功了，如图5-9所示。

图 5-9　转正成功

转正成功之后，用户便可以在B站视频中发弹幕了。具体来说，用户只需在弹幕输入框中输入文字内容，并单击右侧的"发送"按钮，便可以发送弹幕。成功发送的弹幕会自动出现在视频画面中（使用当前账号发布的弹幕自动带有一个边框），如图5-10所示。

图 5-10　弹幕出现在视频画面中

除了可以主动在其他视频播放界面发弹幕引流，如果UP主自身弹幕数量足够多，或者弹幕内容足够有趣，也能吸引一大批用户。图5-11所示为某UP主发布的部分视频，可以看到这些视频的弹幕量都超过了1万。许多用户看到这些视频的弹幕量之后，都会忍不住想要点击查看视频内容。

图 5-11　某 UP 主发布的部分视频

5.1.6　评论引流

在B站中，评论引流可以分为两类，分别是视频评论区引流和专栏评论区引流。下面笔者就来分别进行讲解。

1. 视频评论区引流

视频评论区引流的最好方式是在热门视频的评论区进行评论。UP主在评论时要讲究策略，千万不要出现硬性广告，以免引起用户的厌恶，可以通过科普或讲段子的方式成为评论区热评，如图5-12所示。

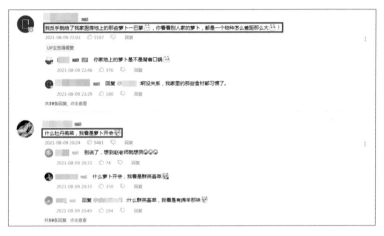

图 5-12　评论区热评

2. 专栏评论区引流

当UP主在专栏发表完文章后，可适当挑选一些评论进行回复，以此来吸引更多的用户，如图5-13所示。

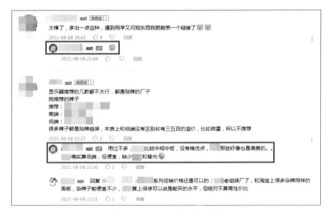

图 5-13　评论区引流

5.1.7　内容造势引流

虽然一个企业或个人在平台上的力量有限，但这并不能否定其内容传播的影响力。要想让目标群体全方位地通过内容了解产品，比较常用的方法就是为内容造势。具体来说，UP主可以通过以下3种方法进行内容造势。

1. 传播轰动信息

UP主可以给受众传递轰动、爆炸式的信息，借助公众人物来为自己的账号造势，兼具轰动性和颠覆性，能够立刻吸引用户的目光。

在这个信息泛滥的时代，想要让自己的作品从众多的视频中脱颖而出，就要制造一定的噱头，用语出惊人的方式吸引受众的眼球。

例如，《脱口秀大会》前三季的节目给许多人带来了欢乐，于是在《脱口秀大会4》即将开播时，某位UP主称"快乐即将回归！"并发布了《脱口秀大会4》的预告，这就属于利用综艺节目制造噱头，如图5-14所示。

图 5-14　利用综艺节目制造的噱头

2. 加入总结性的内容

扣住"十大"就是典型的总结性内容之一。所谓扣住"十大"，是指在标题中加入"10大""十大"之类带有总结性的词语，例如"2020年十大好电影推荐"。这种类型视频标题的主要特点就是传播率广，在网站上容易被转载，并且容易产生一定的影响力。

3. 自制条件造势

除了借势，UP主在推广内容时还可以采用自我造势的方式，来获得更多的关注和更大的影响力。任何内容的运营推广，都需要两个基础条件，即足够多的粉丝数量和与粉丝之间拥有较为紧密的关系。

UP主只要紧紧地扣住这两点通过各种活动为自己造势，提高自己的曝光度，就能获得很多粉丝。为了与这些粉丝保持紧密关系，UP主可以通过各种平台经常发布内容，还可以策划一些线下活动，通过自我造势带来轰动，引发观众围观。

5.1.8　个人简介引流

UP主通过自己主页的个人简介引流是基本操作，大部分UP主都会在个人简介里展示联系方式和粉丝群，如图5-15所示。这样用户便可以通过添加联系方式或者加入粉丝群，变为UP主的私域流量。

图 5-15　个人简介引流

5.1.9　官方活动引流

B站官方会推出一些线上活动，如果UP主在活动中表现突出，不仅可以获得丰厚的礼品，还可以让自己的作品和账号头像出现在活动页面中，这相当于B站官方为UP主引流。图5-16所示为B站中"盛夏美食家"活动的相关页面，可以看到，其中便出现了一些视频封面和账号头像。

此外，UP主也可以在活动评论区为自己的作品拉票，这样除了可以提高作品票数，还可以给自己引流吸粉。

图 5-16　登上活动封面的 UP 主

 ## 站外推广渠道

除了通过B站内部引流，UP主还可以通过站外平台进行推广引流。这一节笔者就来为大家介绍几个常见的站外推广渠道。

5.2.1　微信引流

微信平台引流主要是借助微信这个社交软件，将B站账号的相关信息告知朋友，从而实现引流。具体来说，微信引流可以从3个方面进行：一是微信聊天；二是微信公众号引流；三是微信朋友圈引流。下面笔者就来分别进行说明。

1. 微信聊天引流

微信聊天是微信的一个重要功能，许多人甚至直接将其作为日常生活和工作中的主要沟通工具。UP主也可以充分利用微信聊天进行引流，将自己的微信好友和微信群成员转化成B站账号粉丝。

在通过微信聊天进行引流时，UP主可以充分利用B站的分享功能，将账号主页和发布的内容分享给微信好友。例如，UP主可以通过如下步骤，将自己发布的B站视频分享给微信好友。

步骤 01 进入B站视频的播放界面，点击界面中的 ➤ 图标，如图5-17所示。

步骤 02 操作完成后，会弹出一个列表框。点击列表框中的"微信"按钮，如图5-18所示。

图 5-17 点击 ➤ 图标

图 5-18 点击"微信"按钮

步骤 03 进入微信的"选择一个聊天"界面，在界面中选择需要分享的对象（可以是微信好友，也可以是微信群），如图5-19所示。

步骤 04 操作完成后，弹出"发送给："对话框，确认发送对象无误后，点击对话框中的"发送"按钮，如图5-20所示。

图 5-19 选择视频的分享对象

图 5-20 弹出"发送给："对话框

步骤 05 操作完成后，进入微信聊天界面。如果界面中出现B站视频的链接，就说明分享成功了，如图5-21所示。另外，收到分享的微信好友或微信群成员点击该链接之后，便可查看对应的视频内容，如图5-22所示。有需要的微信好友或微信群成员还可以点击"打开App，流畅又高清"按钮，直接前往B站App查看该视频的内容。

图 5-21　内容分享成功

图 5-22　查看视频内容

2. 微信公众号引流

从某一方面来说，微信公众号就是一个由个人、企业等主体进行信息发布并通过运营来提升知名度和品牌形象的平台。UP主如果要选择一个用户基数大的平台来推广视频和账号，并且期待通过长期的内容积累构建自己的品牌，那么微信公众号是一个理想的传播平台。

在微信公众号上，UP主可以通过文章和视频对B站账号的相关信息进行介绍，从而将微信公众号的粉丝转化为B站账号的粉丝。图5-23所示为借助微信公众号文章进行B站账号推广引流的案例。

另外，UP主还可以通过多种方式在微信公众号中发布短视频，并对B站账号和视频进行推广。其中，使用最多的有两种，即"标题+短视频"形式和"标题+文本+短视频"形式。不管采用哪一种形式，都是能清楚地说明短视频内容和主题思想的推广方式。

在借助短视频进行推广时，并不局限于某一条短视频的推广。如果UP主打造的是有着相同主题的短视频系列，还可以把短视频组合在一篇文章中联合推广，这样更有助于受众了解短视频及其推广主题。

图 5-23　借助微信公众号进行 B 站账号推广的案例

3. 微信朋友圈引流

对于UP主来说，虽然朋友圈单次传播的范围较小，但是从对接收者的影响程度来说，却具有其他一些平台无法比拟的优势，具体如下。

（1）用户黏性强，很多人每天都会翻阅朋友圈。

（2）朋友圈好友间的关联性、互动性强，可信度高。

（3）朋友圈用户多，覆盖面广，二次传播范围大。

（4）朋友圈内转发和分享方便，易于短视频内容的传播。

那么，UP主在朋友圈中进行B站账号和视频推广时，应该注意什么呢？以B站视频推广为例，有3个方面是需要重点关注的，具体分析如下。

（1）UP主在拍摄视频时要注意开始拍摄时画面的美观性。因为推送给朋友的视频，是不能自主设置封面的，它显示的就是开始拍摄时的画面。当然，运营者也可以通过视频剪辑的方式保证推送视频"封面"的美观度。

（2）UP主在推广视频时要做好文字描述。因为一般来说，呈现在朋友圈中的视频，好友看到的第一眼就是其"封面"，因此，在视频开始之前，要把重要的信息放上去。这样的设置，一来有助于受众了解视频内容，二来设置得好，可以吸引受众点击播放。

（3）UP主利用视频推广商品时要利用好朋友圈评论功能。如果朋友圈中的文本字数太多，是会被折叠起来的。为了完整地展示信息，UP主可以将重要信息放在评论里进行展示，这样就会让浏览朋友圈的人看到推送的有效文本信息。

5.2.2　QQ引流

腾讯QQ有两大引流利器，一是QQ群，二是QQ空间。接下来笔者就来分别进行说明。

1. QQ群引流

无论是微信群，还是QQ群，如果没有设置"消息免打扰"，群内任何人发布信息，群内其他人都是会收到提示信息的。因此，与朋友圈和微信订阅号不同，通过微信群和QQ群推广B站账号，可以让推广信息直达受众，受众关注和播放的可能性也就更大。

微信群和QQ群内的用户都是基于一定目标、兴趣而聚集在一起的，因此，如果运营者推广的是专业类的视频内容，那么可以选择这类平台。

另外，相对于微信群需要推荐才能入群而言，QQ群明显更易于添加和推广。目前，QQ群有许多热门分类，微信电商运营者可以通过查找同类群的方式，加入进去，然后通过视频进行推广。QQ群推广方法主要包括QQ群相册、QQ群公告、QQ群论坛、QQ群共享、QQ群动态和QQ群话题等。

在利用QQ群话题来推广视频时，UP主可以通过相应人群感兴趣的话题来引导QQ群用户的注意力。例如，在摄影群里，可以首先提出一个摄影人士普遍感觉比较有难度的摄影场景，引导大家评论，然后UP主再适时分享一条能解决这一摄影问题的视频。这样有兴趣的人一定不会错过。

另外，UP主还可以通过在QQ群中分享B站账号主页信息的方式，在提高B站账号曝光度的同时，将QQ群成员转变为B站账号的粉丝。

这样一来，QQ群成员便知道你分享的是一个B站账号，而且如果其对你分享的B站账号感兴趣，也会主动在B站账号中进行查看。这便很好地提高了B站账号在QQ群中的曝光度。

2. QQ空间引流

QQ空间是UP主可以充分利用的一个好地方。当然，UP主需要先建立一个昵称与B站账号相同的QQ号，这样才更有利于积攒人气，吸引更多的人前来关注和观看。下面就为大家具体介绍7种常见的QQ空间推广方法，具体如下。

（1）QQ空间链接推广：利用"小视频"功能在QQ空间发布B站视频，QQ好友可以点击查看。

（2）QQ认证空间推广：订阅与产品相关的人气认证空间，更新动态时可以马上评论。

（3）QQ空间生日栏推广：通过"好友生日"栏提醒好友，引导好友查看你的动态信息。

（4）QQ空间日志推广：在日志中放入B站账号的相关资料，更好地吸引受众的关注。

（5）QQ空间说说推广：QQ签名同步更新至说说上，用一句有吸引力的话激起受众的关注。

（6）QQ空间相册推广：很多人加QQ都会查看相册，所以相册也是一个很好的引流工具。

（7）QQ空间分享推广：利用分享功能分享B站账号的相关信息，好友点击标题即可进行查看。

5.2.3 抖音引流

作为一个社交类短视频平台，抖音吸引了许多用户的入驻。也正是因为如此，UP主如果想通过短视频进行引流，抖音一定是一个不容错过的平台。通过抖音平台引流的方法很简单，UP主只需要在抖音上发布带有B站账号信息的原创短视频，便可以达到宣传、推广和引流的作用。那么，如何在抖音上发布带有B站账号信息的原创短视频呢？接下来笔者就来介绍具体的操作步骤。

步骤 01 登录"抖音短视频"App，点击"首页"界面中的 + 图标，如图5-24所示。

步骤 02 进入短视频拍摄界面，点击界面中的"相册"按钮，如图 5-25 所示。

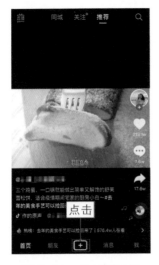

图 5-24　点击 + 图标

图 5-25　点击"相册"按钮

步骤 03 进入"所有照
片"界面，UP 主可以在该
界面中选择要上传的视频
或图片。以上传图片为例，
UP 主只需选择需要上传的
图片，并点击下方的"下
一步"按钮即可，如图 5-26
所示。

步骤 04 操作完成后，
将自动生成一条短视频，并
进入短视频编辑界面。查
看短视频内容，确认无误
后点击下方的"下一步"
按钮，如图 5-27 所示。

图 5-26　点击"下一步"
　　　　　按钮

图 5-27　点击"下一步"
　　　　　按钮

步骤 05 进入短视频"发布"界面，在该界面中填写相关信息，信息填写完
成后，点击下方的"发布"按钮，如图 5-28 所示。

步骤 06 操作完成后，即可完成短视频的发布。图 5-29 所示为完成发布后的
短视频的显示效果。

图 5-28　"发布"界面

图 5-29　完成发布后短视频的显示效果

5.2.4 百度引流

作为中国网民经常使用的搜索引擎之一，百度毫无悬念地成了互联网PC端强劲的流量入口。具体来说，UP主借助百度推广引流可主要从百度百科和百度知道这两个平台切入。

1. 百度百科

百科词条是百度百科营销的主要载体，做好百科词条的编辑对UP主来说至关重要。百科平台的词条信息有多种分类，但对于UP主引流推广而言，主要的词条形式包括4种，具体如下。

（1）行业百科。UP主可以以行业领头人的姿态，参与行业词条信息的编辑，为想要了解行业信息的用户提供相关行业知识。

（2）企业百科。UP主所在企业的品牌形象可以通过百科进行表述。

（3）特色百科。特色百科涉及的领域十分广阔，例如，名人可以编辑与自己相关的词条。

（4）产品百科。产品百科是消费者了解产品信息的重要渠道，能够起到宣传产品，甚至是促进产品消费行为的作用。

对于B站引流，特别是B站企业号引流而言，相对比较合适的词条形式无疑便是企业百科。例如，UP主可以采用企业百科的形式，多次展示B站企业号名称，从而提高该B站企业号的曝光率。

2. 百度知道

在网络营销方面，百度知道具有很好的信息传播和推广作用。利用百度知道平台，通过问答的社交形式，可以对UP主快速、精准地定位客户提供很大的帮助。百度知道在营销推广上具有两大优势：精准度和可信度高。这两种优势能形成口碑效应，增强网络营销推广的效果。

通过百度知道来询问或作答的用户，通常对问题涉及的内容有很大兴趣。比如，有的用户想要了解"有哪些饮料比较好喝"，部分饮料爱好者可能就会推荐自己喜欢的饮料，提问方通常也会接受推荐去试用。

百度知道是网络营销的重要方式，因为它的推广效果相对较好，能为企业带来直接的流量和有效的外接链。基于百度知道而产生的问答营销，是一种新型的互联网互动营销方式，问答营销既能为UP主植入软性广告，同时也能通过问答来挖掘潜在的用户。图5-30所示为关于B站某UP主的相关问答信息。

在这个问答信息中，不仅展示了UP主的账号名称，还对UP主的相关信息进行了简单介绍。而看到该问答之后，部分用户便会对该UP主产生一些兴趣，因此无形之中便为该UP主带来了一定的流量。

图 5-30　关于 B 站某 UP 主的相关问答信息

5.2.5　微博引流

UP主可以将B站的相关信息分享到微博上，从而达到引流的目的。例如，UP主可以通过如下步骤将直播间信息分享到微博上，让微博用户成为你的直播观众。

步骤 01 进入要分享的 B 站直播间，点击界面中的●●●图标，如图 5-31 所示。

步骤 02 操作完成后，会弹出一个对话框。点击对话框中的"分享"按钮，如图5-32所示。

图 5-31　点击●●●图标

图 5-32　点击"分享"按钮

步骤 03 操作完成后，会弹出一个对话框。点击对话框中的"微博"按钮，如图5-33所示。

步骤 04 操作完成后，进入"转发到微博"界面，点击界面中的"发送"按钮，如图5-34所示。

图 5-33　点击"微博"按钮　　　　　图 5-34　点击"发送"按钮

步骤 05 操作完成后，即可将B站直播间的相关信息分享到微博中，如图5-35所示。

图 5-35　将 B 站直播间的相关信息分享到微博中

5.2.6 小红书引流

小红书是专注年轻人生活方式的平台，如果UP主的账号定位与美妆、穿搭、旅游、美食、健身等内容相关，那么UP主可以在小红书上分享视频或图文，为自己的B站账号引流，如图5-36所示。

图 5-36 小红书引流

5.2.7 线下平台引流

除了线上的各大平台，线下平台也是B站账号引流不可忽略的渠道。目前，从线下平台引流到B站主要有3种方式，这一节笔者将分别进行解读。

1. 线下拍摄

对于拥有实体店的B站UP主来说，通过线下拍摄来吸引用户是一种比较简单有效的引流方式。通常来说，线下拍摄可分为两种，一种是B站UP主及相关人员自我拍摄，另一种是邀请进店的消费者拍摄。

B站UP主及相关人员自我拍摄B站视频时，能够引发路人的好奇心，为店铺引流。将视频上传之后，如果用户对你的内容比较感兴趣，也会选择关注你的账号。

邀请进店的消费者拍摄，不仅可以直接增加店铺的宣传渠道，让更多B站账号用户看到你的店铺及相关信息，从而达到为店铺和账号引流的目的，而且可以将消费者变成你的B站账号粉丝，让消费者关注你的账号。

2. 线下转发

如果单纯地邀请消费者拍摄视频效果不是很明显，UP主就可以采取另一种策略。那就是在线下的实体店进行转发有优惠的活动，让消费者助力传播。比如，让消费者将拍摄好的视频转发至微信群、QQ群和朋友圈等社交平台，提高店铺和B站账号的知名度。

当然，为了提高消费者转发的积极性，UP主可以对转发的数量，以及转发后的点赞数等给出不同的优惠力度。这样，消费者为了获得更大的优惠力度，自然会更卖力地转发，而转发的实际效果也会更好。

3. 线下扫码

在B站账号引流中，有一种较为直接的增加账号粉丝数量的方法，那就是通过线下扫码，让进店的消费者或路人看到并关注你的账号。

当然，在扫码之前，还需有码可扫。那么，如何获取你的B站账号二维码呢？具体操作如下。

步骤 **01** 进入B站的"我的"界面，点击界面中的"设置"按钮，如图5-37所示。

步骤 **02** 操作完成后，进入"设置"界面，点击"账号资料"按钮，如图5-38所示。

图 5-37　点击"设置"按钮　　图 5-38　点击"账号资料"按钮

步骤 **03** 操作完成后，进入"账号资料"界面，点击"二维码名片"按钮，如图5-39所示。

步骤 04　操作完成后，进入"二维码"界面，点击界面中的￬图标，如图5-40所示。

步骤 05　操作完成后，UP主便可以获得一张B站账号的二维码图片，如图5-41所示。UP主可以将其打印出来，通过发传单，或者将二维码放置在店铺显眼位置的方式，让B站用户扫码加好友，并关注你的B站账号。

图 5-39　点击"二维码名片"按钮

图 5-40　点击￬图标

图 5-41　获得 B 站账号二维码

第 6 章

通过账号运营成为大 UP 主

账号的运营非常关键，懂得运营的UP主能在短期内快速获得大量关注，成为大UP主。本章就来介绍UP主运营账号的一些技巧，让更多UP主快速成为大UP主。

用弹幕激发用户参与

弹幕是B站中比较具有特色的功能之一，UP主可以借助弹幕来激发用户的参与欲，让更多用户查看你的内容、关注你的账号。这一节笔者就来重点讲解弹幕的运营，帮助UP主更好地激发用户的参与欲。

6.1.1　弹幕礼仪

虽然优质的弹幕内容能够有效地激发用户的参与欲，但是UP主在发送弹幕时也需要注意一点，那就是必须要遵守弹幕礼仪。如果UP主违反弹幕礼仪，那么很有可能受到相关处罚。

很多UP主可能还不知道B站的弹幕礼仪，若想了解相关内容，可以前往"帮助中心"相关页面的"弹幕相关"中查看具体的弹幕礼仪。图6-1所示为弹幕礼仪的部分内容。

图 6-1　弹幕礼仪的部分内容

6.1.2　弹幕的发送与撤回

既然是通过弹幕激发用户的参与欲，那就必须了解如何发送弹幕。在B站中发送弹幕的方法很简单，具体如下。

步骤 01 打开要发送弹幕的视频，在视频播放页面的弹幕输入栏中，❶输入弹幕内容，❷单击"发送"按钮，如图6-2所示。

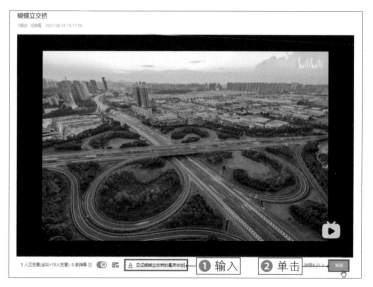

图 6-2 单击"发送"按钮

步骤 02 操作完成后，如果视频画面中出现了刚刚输入的弹幕内容，就说明弹幕发送成功了，如图6-3所示。

图 6-3 弹幕发送成功

弹幕发送之后，如果发现弹幕内容有误，或者弹幕内容不太合适，UP主也可以进行撤回操作。

具体来说，UP 主可以将鼠标指针放置在已发送的弹幕上，弹幕下方便会出现一个列表框。单击列表框中的 图标，如图6-4 所示。操作完成后，即可撤回该弹幕。

图 6-4　单击 ↰ 图标

6.1.3　弹幕的举报与屏蔽

为了维护弹幕秩序，UP主可以对不合适的弹幕进行举报和屏蔽。具体来说，UP主可以通过如下步骤举报弹幕。

步骤 01 将鼠标指针放置在要举报的弹幕上，会出现一个列表框。单击列表框中的 ⚠ 图标，如图6-5所示。

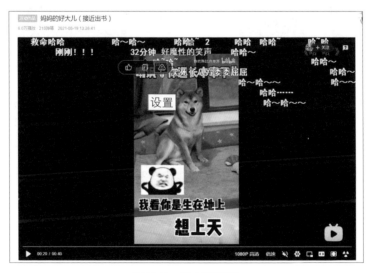

图 6-5　单击 ⚠ 图标

步骤 **02** 操作完成后，会弹出"举报弹幕"对话框。在对话框中，❶选择举报原因，❷单击"确定"按钮，如图6-6所示。

图 6-6　单击"确定"按钮

步骤 **03** 操作完成后，即可举报该弹幕。

除了举报弹幕，UP还可以屏蔽弹幕。具体来说，UP主可以用鼠标右键单击要屏蔽的弹幕。操作完成后，会出现带有弹幕内容的提示框。单击提示框中的"屏蔽"按钮，如图6-7所示。操作完成后，即可屏蔽该弹幕。

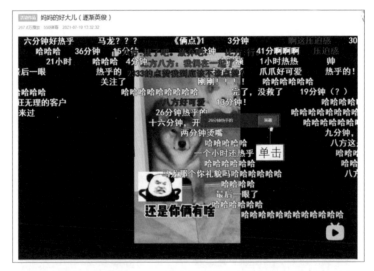

图 6-7　单击"屏蔽"按钮

6.1.4　显示UP主标识的弹幕

UP主可以在自己发布的视频中发送带有"UP主"标识的弹幕，让用户一看就知道这是你发的弹幕，从而吸引更多用户发送弹幕。具体来说，UP主可以通过如下步骤发送显示"UP主"标识的弹幕。

步骤 01 打开自己发布的视频，进入视频播放页面。❶单击 △ 图标，会弹出一个弹幕设置框，❷勾选弹幕设置框中的"带UP主身份标识发送"复选框，如图6-8所示。

图 6-8　勾选"带 UP 主身份标识发送"复选框

步骤 02 操作完成后，在弹幕输入框中，❶输入弹幕内容，❷单击"发送"按钮，如图6-9所示。

图 6-9　单击"发送"按钮

步骤 03 操作完成后，视频画面中便会出现带有"UP主"标识的弹幕，如图6-10所示。

图 6-10 出现带有"UP 主"标识的弹幕

6.1.5 发送关联视频弹幕

所谓"关联视频弹幕"，简单来说，就是发送一个带有视频链接的弹幕。当然，发送关联视频弹幕也有两个前提，一是发送的弹幕所在的视频和弹幕链接的视频，都是UP主自己发布的；二是关联视频弹幕只能通过移动端发布。具体来说，UP主可以通过如下操作，发送关联视频弹幕。

步骤 01 进入自己发布的视频的播放界面，❶点击弹幕输入框，会弹出一个对话框，❷点击对话框中的☆图标，如图6-11所示。

步骤 02 操作完成后，会弹出一个新的对话框。点击该对话框中的"关联视频"按钮，如图6-12所示。

步骤 03 在弹出的新对话框中，❶输入BVD（即视频代码）和弹幕文案，❷点击▶图标，如图6-13所示。

步骤 04 操作完成后，视频画面中便会出现带有视频链接的弹幕，如图6-14所示。如果用户点击该链接，便可直接查看链接对应的视频。

★ 专家提醒 ★

UP 主在同一时间只能发送一个关联视频弹幕。也就是说，如果 UP 主要发送其他关联视频弹幕，需要先将之前发送的关联视频弹幕删除。

图 6-11　点击⚙图标

图 6-12　点击"关联视频"按钮

图 6-13　点击▶图标

图 6-14　出现带有视频链接的弹幕

 分享与互动技巧

　　UP主可以将已发布的内容分享出去，并通过互动技巧，来提升内容的热度。这一节笔者就来为UP主讲解一些分享与互动的技巧。

6.2.1 视频分享

UP主可以直接将已发布的视频分享至其他平台中，让更多人看到自己的视频。例如，UP主可以通过如下步骤将视频分享至QQ中，让QQ好友看到自己的视频内容。

步骤 01 进入B站视频的播放界面，点击界面中的➜图标，如图6-15所示。

步骤 02 操作完成后，会弹出一个列表框。点击列表框中的"QQ"按钮，如图6-16所示。

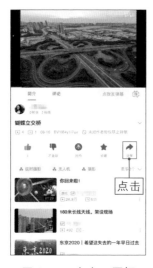

图 6-15　点击➜图标

图 6-16　点击"QQ"按钮

步骤 03 操作完成后，会出现一个对话框。点击对话框中的"打开"按钮，如图6-17所示。

步骤 04 进入"发送给"界面，在界面中选择需要分享的对象（可以是QQ好友，也可以是QQ群），如图6-18所示。

步骤 05 操作完成后，会弹出"发送给："对话框。点击对话框中的"发送"按

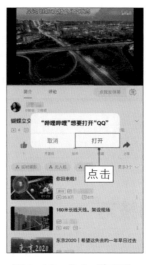

图 6-17　点击"打开"
按钮

图 6-18　选择视频的分享
对象

钮，如图6-19所示。

步骤 06 进入QQ聊天界面，如果界面中出现视频链接，就说明视频分享成功了，如图6-20所示。

图 6-19　点击"发送"按钮

图 6-20　出现视频链接

步骤 07 QQ好友点击聊天界面中的视频链接，便会进入视频播放界面，如图6-21所示。

步骤 08 QQ好友还可以❶点击视频播放界面中的"bilibili 打开App，流畅又高清"按钮，❷在弹出的对话框中点击"允许"按钮，如图6-22所示。

图 6-21　视频播放界面　　　　　　　图 6-22　点击"允许"按钮

步骤 09 操作完成后，QQ好友便可以前往B站App查看视频内容。

6.2.2　评论互动

评论互动是提高视频热度和账号关注度的一种有效渠道。具体来说，评论互动主要可以分为两种，一是直接对B站中的内容进行评论，二是对他人的评论进行评论（即回复他人评论）。

具体来说，UP主可以通过如下步骤发布评论。

步骤 01 进入B站内容的呈现界面，如视频播放界面。在评论输入栏中，❶输入评论内容，❷点击"发布"按钮，如图6-23所示。

步骤 02 操作完成后，如果评论内容出现在"评论"板块的置顶位置，就说明评论发布成功了，如图6-24所示。

图 6-23　点击"发布"按钮　　图 6-24　评论发布成功

回复他人评论的操作方法也很简单，具体如下。

步骤 01 进入B站内容的呈现界面，如视频播放界面，点击需要回复的评论下方的💬图标，如图6-25所示。

步骤 02 操作完成后，在弹出的评论输入框中，❶输入回复内容，❷点击"发布"按钮，如图6-26所示。

图 6-25　点击💬图标　　　　　图 6-26　点击"发布"按钮

步骤 03 操作完成后，如果对应评论的下方出现了你回复的内容，就说明评论回复成功了，如图6-27所示。

图 6-27　评论回复成功

6.2.3　视频举报

在与他人互动的过程中，UP主可能需要查看他人的视频。如果发现他人的视频存在违规的情况，可以对视频进行举报。下面笔者就来具体讲解举报视频的方法（这里只是讲方法，案例中的视频本身并不存在违规情况）。

步骤 01 进入B站内容的呈现界面，如视频播放界面，点击视频画面上的 ⋮ 图标，如图6-28所示。

步骤 02 操作完成后，会弹出一个对话框，点击对话框中的"举报"按钮，如图6-29所示。

图 6-28　点击 ⋮ 图标

图 6-29　点击"举报"按钮

步骤 03 操作完成后，进入"稿件投诉"界面，如图 6-30 所示。UP 主只需在该界面中选择举报原因，并点击下方的"提交"按钮，便可完成对视频的举报。

图 6-30　"稿件投诉"界面

 用动态增强粉丝黏性

B站的"动态"板块和微信朋友圈有相似之处，UP主可以通过发布动态来展示自己的所见所闻。这一节笔者就来讲解B站动态的相关内容，帮助UP主用动态增强粉丝的黏性。

6.3.1　动态使用规范

UP主需要注意，动态内容必须符合B站的规范。对此，UP主可以前往"帮助中心"相关页面的"动态使用规范"中查看动态的具体使用规范。图6-31所示为B站动态使用规范的部分内容。

会员等级相关
充电计划
悬赏计划
课堂相关
支付相关
直播相关
点评相关
分享与互动
动态相关
• 动态使用规范
• 动态FAQ
• 动态抽奖工具
• 动态抽奖服务协议
应援团

01 动态使用规范

哔哩哔哩动态使用规范（2019年6月）

第一章 总 则

第一条
动态是哔哩哔哩通过关注机制分享用户的实时信息的社交工具，提供发布动态内容、已关注用户动态展示、转发动态、评论动态、收藏、分享、点赞等服务。
第二条
用户需要登陆到哔哩哔哩之后才能使用动态服务，动态用户在使用动态的时候，言论和行为需遵守本规范。
第三条
哔哩哔哩根据中国现行法律法规、《哔哩哔哩弹幕网用户使用协议》、《哔哩哔哩弹幕网账号中心规范》、《社区规则》以及其他哔哩哔哩相关协议规范，包括哔哩哔哩不时发布的相关条款和规则（前述统称为“哔哩哔哩服务条款”）制定本规范。用户在使用动态时不得违反本规范和上述哔哩哔哩服务条款的全部规定。
第四条
用户使用动态服务，则视为同意本规范。根据互联网的发展和有关法律、法规及规范性文件的变化，或者因业务发展需要，哔哩哔哩将不定期对本规范进行调整，调整的内容将于相关页面进行公告，如您继续接受动态服务，则视为您已经接受本规范的调整，若您不同意本规范的前述调整，您可停止使用动态服务。您使用动态服务即视为您接受并同意本规范所有条款，包括但不限于前述调整的内容。
第五条
拒绝用户发布、转发、评论讨论时政相关、政治敏感、有害信息；拒绝任何用户发布、转发、通过评论发布垃圾信息；拒绝任何用户从事过度营销的行为；鼓励用户通过动态发布、转发、评论符合需求及规范的真实信息。

第二章 用户权责

第六条
用户拥有哔哩哔哩帐号的使用权，可以使用哔哩哔哩账号登陆动态并使用动态提供的服务。该使用权不得以任何方式转让，帐号的行为将被视为注册用户的行为。哔哩哔哩鼓励用户验证真实身份，通过真实身份验证的用户享有更多服务。
第七条
（一）哔哩哔哩用户的隐私依法受到保护。详细信息请阅读《哔哩哔哩弹幕网用户使用协议之隐私政策》。
（二）特别提示：如您通过哔哩哔哩的手机客户端软件发布动态的同时选择发布定位功能的，哔哩哔哩会读取您的位置（大多数移动设备将允许您关闭定位服务，具体建议您联系您的移动设备的服务商或生产商）。

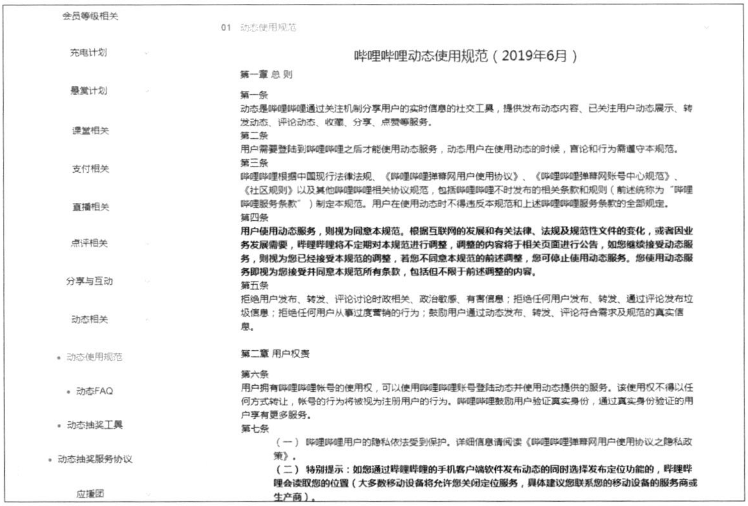

图 6–31　B 站动态使用规范的部分内容

6.3.2　发布动态内容

UP主可以将自己的所见所闻制作成动态内容，并进行发布，让粉丝更好地了解自己。具体来说，UP主可以通过如下步骤发布动态内容。

步骤 01 打开 B 站 App，进入“动态”界面，点击界面中的☑图标，如图 6–32 所示。

步骤 02 操作完成后，进入动态内容编辑界面。点击界面中的＋图标，如图 6–33 所示。

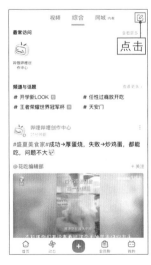

图 6–32　点击☑图标

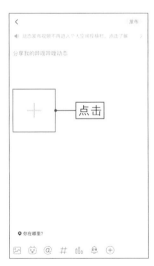

图 6–33　点击＋图标

步骤 03 从相册中选择对应的视频，即可进入视频编辑界面，点击界面中的"下一步"按钮，如图6-34所示。

步骤 04 返回动态内容编辑界面，如果界面中显示视频封面，就说明视频上传成功了，如图6-35所示。

图 6-34　点击"下一步"按钮

图 6-35　视频上传成功

步骤 05 在动态内容编辑界面中❶输入文字信息，❷选择动态类型，❸点击"发布"按钮，如图6-36所示。

步骤 06 操作完成后，返回"动态"界面。如果界面中显示刚刚编辑的动态内容，就说明动态发布成功了，如图6-37所示。

图 6-36　点击"发布"按钮

图 6-37　动态发布成功

6.3.3 分享动态内容

发布动态之后，UP主可以将动态分享出去，为动态引流。具体来说，UP主可以通过如下步骤分享动态内容。

步骤01 进入动态界面，点击动态下方的"转发"按钮，如图6-38所示。

步骤02 操作完成后，会弹出一个对话框。在对话框中选择动态的分享平台。例如，要将动态分享至QQ空间，可以点击对话框中的"QQ空间"按钮，如图6-39所示。

图 6-38 B 站的内容分区

图 6-39 点击"QQ 空间"按钮

步骤03 进入"转发到空间"界面，在界面中❶输入文字信息，❷点击"发表"按钮，如图6-40所示。

步骤04 操作完成后，进入QQ空间的相关界面。如果界面中出现了刚刚输入的文字信息和动态链接，就说明动态分享成功了，如图6-41所示。

图 6-40 点击"发表"按钮　　图 6-41 动态分享成功

6.4 其他运营技巧

除了前面三节讲到的运营技巧，UP主还需要掌握一些其他的运营技巧。这一节笔者就来重点为UP主讲解与粉丝运营相关的常见技巧。

6.4.1 粉丝勋章

粉丝勋章类似于身份标志，用户加入UP主的粉丝团之后，便可获得该UP主的粉丝勋章。图6-42所示为某直播间的部分用户评论，其中用户内容前方的"惊鸿梦"便属于粉丝勋章。

当然，UP主要通过粉丝勋章提高粉丝的黏性，还得先开通粉丝勋章。图6-43所示为开通粉丝勋章的相关介绍。

图 6-42　直播间中的粉丝勋章　　　　图 6-43　开通粉丝勋章的相关介绍

6.4.2 粉丝应援团

除了粉丝勋章，UP主还可以通过粉丝应援团来提高粉丝的黏性。图6-44所示为粉丝应援团的相关介绍。UP主可以积极引导粉丝加入自己的应援团，从而获得更多的铁粉。

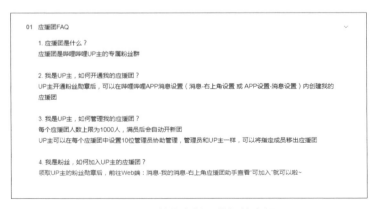

图 6-44　粉丝应援团的相关介绍

第 7 章

成为一名优秀的 B 站主播

每个做B站直播的UP主都希望自己成为一名优秀的主播。那么，对于没有直播经验的UP主来说，要如何快速提升自身的直播水平呢？笔者认为这部分UP主需要重点做好两个方面的工作，即了解直播的基础知识和全面提升直播的能力。

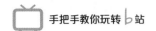

7.1 了解直播的基础知识

要想做好B站直播，UP主需要先了解一些直播的基础知识。这一节笔者就来重点讲解直播的基础知识，帮助UP主快速入门B站直播。

7.1.1 打造优质的直播环境

俗话说："工欲善其事，必先利其器。"UP主要想打造专业的直播间，增强直播的观赏性，除了展示自身的才艺和特长，还需要准备好各种设备。下面笔者主要介绍直播间的设备准备及环境搭建，帮助UP主打造一个完美的直播间。

1. 直播的摄像头选择

镜头，相当于人的眼睛，通过镜头来记录直播，就相当于用眼睛在看直播。眼睛的状态如何，会影响物体的呈现效果，镜头也一样，不同的镜头类型、款式，也会直接影响直播视频的呈现效果。

对于普通UP主来说，完全可以通过手机自带的摄像头进行直播，但是如果UP主们想让直播画面的呈现效果更好，可以采用一台手机加一个外置镜头的搭配方式来补充手机镜头自身的局限性，满足自己对拍摄效果的要求。

不同类型的镜头可以满足不同的直播效果。通过不同镜头的搭配可以使拍摄出来的画面像素变高，呈现更好的拍摄画面。因此，许多UP主都会选择购买外置镜头来进行直播。那么，该如何选择一款合适的摄像头呢？在选择摄像头时，大家主要考虑两个因素即可，具体内容如下。

（1）摄像头的功能参数。参数越高，其输出的视频分辨率也就越高，呈现的视频画质也就越清晰。

（2）摄像头的价格。对于大多数普通人来说，购买任何东西都是要有预算的，这时产品的性价比就显得尤为重要，因为谁都想花最少的钱体验更好的产品。

2. 直播间的灯光效果

了解摄像头之后，接下来笔者给大家分享打造一个漂亮的直播环境的技巧。说到直播环境，就不得不提直播间灯光的效果设置，这是打造直播环境的重中之重，因为灯光的设置会直接影响UP主的外观形象。

摄影是用光的艺术，直播也是如此。为什么有的UP主看上去很明亮耀眼，而有的则看起来黯淡无光呢？这主要是灯光造成的。直播间的灯光类型主要分为5种，其作用如图7-1所示。

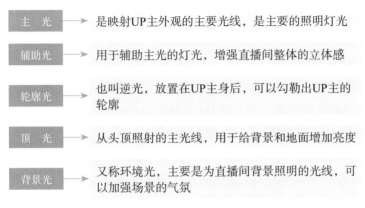

图 7-1　直播间的灯光类型及其作用

了解了直播间的5种灯光类型之后，接下来笔者就来详细讲解每种灯光的设置和摆放，从不同的角度和不同的灯光搭配来制造不同的环境效果。

（1）主光。主光灯必须放在UP主的正面位置，并且与摄像头镜头光轴的夹角不能超过15°。这样做能让照射的光线充足而均匀，使UP主的脸部看起来很柔和，从而起到磨皮美白的美颜效果。但是这种灯光设置也略有不足，那就是没有阴影效果，会使画面看上去缺乏层次感。

（2）辅助光。辅助光宜从UP主的左右两侧与主光呈90°夹角摆放。当然，还有一种更好的设置方法，可以将辅助光放置在UP主左前方45°或右后方45°进行照射。这样可以使UP主的面部轮廓产生阴影，并形成强烈的色彩反差，有利于打造UP主外观的立体感。但是灯光对比度的调节要适度，防止面部过度曝光或部分地方太暗的情况发生。

（3）轮廓光。轮廓光要放置在UP主的后面，以便形成逆光的效果，这样能够让UP主的脸轮廓分明。在使用轮廓光的时候，必须把握光线亮度的调节，因为光线亮度太大可能让镜头前的UP主变黑，同时摄像头入光也会产生耀光。

（4）顶光。顶光是从UP主头顶照射下来的主光线，其作用在于给背景和地面增加亮度，从而产生厚重的投影效果。这样有利于塑造轮廓的造型，起到瘦脸的作用。但要注意顶光离UP主尽量不要超过两米，而且这种灯光也有小缺点，那就是容易使眼睛和鼻子的下方产生阴影，影响美观。

（5）背景光。背景光的作用是烘托主体，为UP主的周围环境和背景进行照明，营造各种环境气氛和光线效果。但是，在布置的过程中需要注意，由于背景光的灯光效果是均匀的，所以应该采取低亮度、多数量的方法进行布置。

以上5种灯光效果的设置是打造直播环境必不可少的，每种灯光都有各自的优势和不足，UP主需要进行不同的灯光组合来取长补短。灯光效果的调试是一个比较漫长的过程，需要有耐心才能找到适合自己的灯光效果。

3. 直播间的声卡选购

直播实际上是一种视频和音频的输出，视频的输出靠的是高清的摄像头，而音频的输出得靠声卡和麦克风，这3样东西是直播设备的核心硬件。所以，直播时不仅要选择一个好的摄像头，还要选择一款好的声卡。声卡主要分为内置声卡和外置声卡两种类型，下面笔者将对这两种声卡类型分别进行详细的介绍。

（1）内置声卡。顾名思义，内置声卡就是集成在台式计算机或笔记本主板上的声卡，现在我们新买的计算机都会预装内置声卡，只需安装对应的声卡驱动就能使其正常运行。

（2）外置声卡。外置声卡需要通过USB接口和数据线连接在笔记本或台式计算机上，然后安装单独的驱动（有些外置声卡插入即可使用），最后将内置声卡禁用，选择新安装的外置声卡为默认播放设备即可。

内置声卡和外置声卡的区别还是比较大的，接下来笔者将从3个方面来讲述它们之间的区别，如图7-2所示。

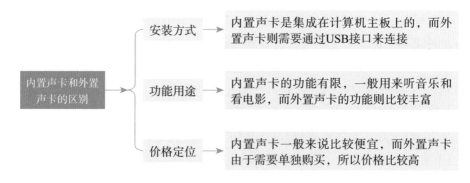

图 7-2　内置声卡和外置声卡的区别

和摄像头的选择一样，声卡的选购同样也要考虑其性价比。当然，如果预算充足，UP主可以选择适合自己的声卡款式，以便获得更好的直播音效。

4. 直播的电容麦选择

介绍完声卡，再来看直播间麦克风的选择。麦克风俗称"话筒"，主要分为电动麦克风和电容麦克风两种，而电动麦克风又以动圈麦克风为主。当然，还有一种特殊的麦克风，就是我们在电视上或者活动会议上常见的耳麦，耳麦是耳机与麦克风的结合体。

下面笔者就来带大家分别了解动圈麦克风和电容麦克风各自的区别和特点，如图7-3所示。

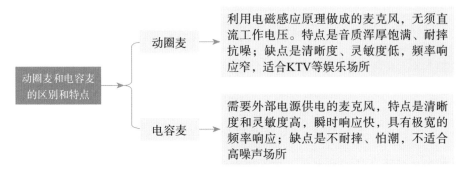

动圈麦 → 利用电磁感应原理做成的麦克风，无须直流工作电压。特点是音质浑厚饱满、耐摔抗噪；缺点是清晰度、灵敏度低，频率响应窄，适合KTV等娱乐场所

电容麦 → 需要外部电源供电的麦克风，特点是清晰度和灵敏度高，瞬时响应快，具有极宽的频率响应；缺点是不耐摔、怕潮，不适合高噪声场所

图 7-3 动圈麦和电容麦的区别和特点

绝大多数UP主的麦克风一般用的都是电容麦。电容麦的质量和体验决定了UP主直播间音质的好坏，从而影响到直播的整体效果，所以选择一款高品质的电容麦对UP主来说非常重要。

UP主在选择电容麦时，可以从一些专注于研发话筒、耳机的知名品牌厂家生产的产品中进行选择。当然，大家也可以自行选择自己喜欢的电容麦进行购买。

5. 计算机和手机的选购

如今的直播行业可谓是红红火火，非常吃香，很多人都想进入这个行业。直播的载体有两种，一种是计算机，另一种是手机。那么，如何选购适合的计算机和手机进行直播呢？接下来笔者就来分别进行分析。

（1）计算机。从事专业直播的人群一般来说都有一定的才艺技能、理论普及能力和经济能力，他们采用的直播设备就是台式计算机和笔记本，而直播对于这类设备的配置要求都是比较高的，因为高性能的计算机与UP主直播的体验是成正比的。所以，接下来笔者就从计算机配件的各部分参数进行分析，给UP主推荐合适的计算机设备。

① CPU处理器。CPU的性能对计算机的程序处理速度来说至关重要，CPU的性能越高，计算机的运行速度也就越快，所以在CPU的选择上千万不能马虎或将就。目前选择酷睿I7的处理器比较好。

② 运行内存条。内存条的选择和CPU一样，要尽量选择容量大的。因为运行内存的容量越大，计算机的运行速度也就相应的越快。对于直播的需求来说，计算机内存容量的选择不能低于8GB，如果预算充足，选择8GB以上的内存条更佳。

③ 硬盘类型。现在市场上流行的硬盘类型一共有两种，一种是机械硬盘，一种是固态硬盘。这两种硬盘的比较如图7-4所示。

图 7-4　机械和固态硬盘的比较

随着科学技术的不断进步，现在固态硬盘的生产技术也越来越先进、成熟，所以这也导致了固态硬盘的销售价格不断降低，容量单位也在不断扩大，也就不用担心选购固态硬盘的成本预算问题了。

④ 显卡。体现计算机性能的又一个关键配件就是显卡，显卡配置参数的高低会影响计算机的图形处理能力，特别是在运行大型游戏及专业的视频处理软件的时候，显卡的性能就显得尤为重要。计算机显卡对直播时的效果也有一定的影响，所以尽量选择高性能的显卡。

（2）手机。

与计算机直播相比，手机直播的方式更加简单和方便，UP主只需一台手机，然后安装B站App，再配上一副耳机即可进行直播。当然，如果觉得手持手机直播有点累，也可以为手机加个支架进行固定。

手机直播适用于那些把直播当作一种生活娱乐方式的人或者刚入直播的新人。因为手机的功能毕竟没有计算机强大，有些专业的直播操作和功能在手机上是无法实现的，所以直播对手机配置的要求没有计算机那么高。即使如此，对于手机设备的选购也是需要经过一番仔细的考虑和斟酌的。

手机的选购和计算机一样，也要稍微注意一下手机的配置参数，然后在预算范围内选择一款自己喜欢的款式即可。这里笔者就不具体推荐某一款机型了，因为如今的手机行业技术和功能更新越来越快，而且市场也已经接近饱和，"手机饭圈化"现象十分严重，同一个手机品牌，同等价位的机型，参数配置及功能几乎都一样，只不过是换了个外观和名字而已。

以上就是关于计算机和手机的介绍，以及选购推荐。其实不管用什么设备进行直播，只要能为用户提供优质且有趣的直播内容，就能成为一名优秀的UP主。

6. 直播间的其他设备

除了前面所讲的摄像头、灯光、声卡和电容麦这些主要的直播设备，UP主还需要仔细挑选直播的其他设备，比如，网络宽带的要求、手机或电容麦的支架和监听耳机等。下面笔者就来介绍这些设备的选择及要求。

（1）网络宽带。

直播主要是通过互联网与用户建立沟通与联系的，所以没有网络是万万不行的。特别是专业做直播的UP主，必须在直播的地方安装网速足够的宽带，而且直播对于流量的消耗是非常巨大的，即使是业余直播，也要在有Wi-Fi的环境下进行。否则，只用流量的话，直播的成本是很大的。

目前市场上的通信运营商主要有3家，分别是中国移动、中国联通和中国电信，这里大家根据自己的实际情况选择即可。

直播间的网络状况决定了直播是否能够顺利地进行，如果宽带网速不给力，就会造成直播画面的延迟和卡顿，不仅会严重影响UP主的直播进程，而且也会大大降低用户的观看体验感，导致用户中途离去，造成直播间人气的波动。

（2）直播支架。

在直播的时候，不管是计算机直播还是用手机直播，UP主都不可能长时间用手拿着电容麦或手机。这时候就需要用支架来进行固定，这样能使UP主更加轻松愉快地进行直播，非常实用和方便。

在选择直播支架时，大家在淘宝、天猫和京东等电商平台中搜索"直播支架"，然后从搜索结果中进行选择即可。

（3）监听耳机。

在直播中，UP主为了随时关注自己直播的效果，就需要使用监听耳机，以便对直播的内容进行优化和调整。监听耳机是指没有加过音色渲染的耳机，可以听到最接近真实的、未加任何修饰的音质，它被广泛应用于各种领域，如录音棚、配音室和电视台等。

监听耳机主要具备两个特点：一是频率响应足够宽、速度快，能保证监听的频带范围内信号失真尽量小，具有还原监听对象声音特点的能力；二是坚固耐用，容易维修和保养。

那么，监听耳机和我们平时用的普通耳机究竟有什么不同呢？笔者总结了以下几点区别，如图7-5所示。

关于监听耳机的选购，大家可以参照前面直播支架的购买，去电商平台搜索相应的关键词，选择自己喜欢或者合适的产品。

因为监听耳机没有经过音色渲染，所以对声音的还原度要高，保真性要好；而普通耳机一般是经过音色渲染和美化的，声音听起来更动听

监听耳机能有效地隔离外部杂音，能听到清晰准确的声音，隔音效果非常好；而普通耳机的封闭性一般，经常会出现漏音和外界杂音渗入的情况

监听耳机和普通耳机的区别

监听耳机主要用于现场返送、缩混监听、广播监听和扩声监听等场景，以提高声音的辨识度；普通耳机一般用于听音乐、看电影和玩游戏等娱乐方面

监听耳机为了保证声音的保真性，制作材质普遍较硬，所以佩戴舒适度一般；普通耳机的质量较轻，设计也符合人体结构学，所以佩戴比较舒适

图 7-5　监听耳机和普通耳机的区别

7. 直播间的装修布置

购买到一整套直播必备的设备之后，接下来就到了最重要的环节了，那就是设计一个符合自己直播风格的直播间，漂亮美观的直播间能提升用户观看直播的体验感，为UP主吸引更多流量。

那么，该如何打造优质的直播间呢？接下来笔者将从直播间空间的大小、背景的设置、物品的陈设3个方面来详细分析直播间的装修布置。

（1）空间大小。直播间的空间大小宜在20~40平方米，不能过大，也不能太小，空间太小不利于物品的摆放和UP主的行动，太大会造成空间资源的浪费。所以，UP主在选择直播场地时，应该根据自己的实际情况来分配空间大小。

（2）背景设置。直播间背景的设计原则是尽可能简洁大方、干净整洁。因为除了UP主的外观造型，直播间的背景同样也能给用户留下深刻的印象，所以直播间的背景墙纸或背景布的设计风格可以根据UP主的人设、直播的主题和直播的类型来选择。

例如，如果UP主是一位元气满满的美少女，就可以选择可爱风格的主题墙纸作为直播间的背景；如果直播以庆祝生日或节日为主题，那么就可以选择明亮鲜艳的墙纸作为直播间的背景；如果直播专门销售某品牌的产品，可以将贴有品牌LOGO的墙面作为背景。

（3）物品陈设。

和直播间的背景设置相同，直播间物品的摆放也是有讲究的。直播间的布置要干净整洁，物品的摆放和分类要整齐有序。这样做不仅能够在直播的时候做到有条不紊，而且还能给用户留下一个好的印象。

杂乱的房间布置会影响直播的观感，所以每一位新人UP主尤其要做好物品的摆放和直播间的布置。直播间的物品种类陈设可以根据直播的类型来设置和确定，如果是美妆类的直播，那可以放口红、散粉、眼线笔和面膜等；如果是服装类的直播，那么可以放衣服、裤子和鞋等；如果是美食类直播，就可以放各种零食。

（4）室内地面。如果UP主们想要让直播间更精致一点，可以选择在直播间的地板上铺设吸音地毯，这样做既为细节加分，又可以大幅度降低直播时的噪声。另外，选择地毯时尽量选择浅色系的，因为浅色系的地毯可以搭配更多的产品，而且打理起来也更方便一些。

7.1.2　做好直播脚本的策划

在正式开始打造短视频内容或进行直播之前，UP主需要策划脚本，做好各方面的策划。策划脚本有3个方面的目的，如图7-6所示。

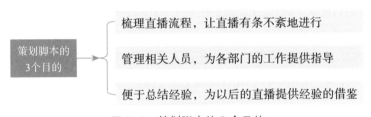

图 7-6　策划脚本的 3 个目的

具体来说，直播脚本需要对9个方面进行策划，即目标、类型、简介（主要内容）、人员安排、时间、主题、流程细节、推广分享及总结，它们的具体内容分别如下。

（1）目标。在策划脚本时，UP主要明确自己的目标。这个目标要尽可能具体量化，只有这样你才会有方向和动力。比如，可以确定观看人数、转化率和成交额等。

（2）类型。除了目标，在脚本大纲中还要确定短视频或直播的类型。这个可以根据自己的爱好或者特长来选择适合自己的分类。类型的确定实际上就是锁定目标用户群体，从而更好地形成自己的风格和特色。

（3）简介。简介就是对直播的核心内容进行提炼和概括，让用户一眼就能明白本场直播的大概内容。

（4）人员安排。一个人要想完成一场直播是比较困难的，所以这时候就需要组建专门的运营团队，安排人员来协助完成各项工作，这样能集众人的力量把直播做得更好。

（5）时间。

在做脚本大纲时，需要重点做好时间上的安排。直播时间的确定需要迎合目标用户的生活习惯和需求，从而让更多人看到你的直播。例如，周一至周五这段时间绝大部分人白天都在工作或者读书，所以选择在晚上进行直播通常可以获得更多流量；而星期六或星期日大部分人都在休息，所以在下午或者晚上进行直播都比较合适。

确定好时间之后一定要严格地执行，尽量将每个时间段要做的事固定下来，这样能够将策划好的脚本内容落到实处，提高工作效率。

（6）主题。主题本质上就是告诉用户做短视频或直播的目的是什么，明确主题能够保证内容的方向不会跑偏。主题可以从不同角度来确定，比如，产品的效果展示、功能特色、优惠福利或者方法技巧教程等。需要注意的是主题必须足够清晰，让人一看就能明白。

（7）流程细节。流程细节就是指所有的步骤和环节都有对应的细节和时间节点，UP主要把控好。

（8）推广分享。无论是短视频还是直播，推广分享都是必不可少的。通过推广分享，可以吸引更多用户观看短视频和直播，从而有效地提高短视频和直播的热度。

（9）总结。直播结束之后，UP主要对整个过程进行回顾，总结经验和教训，发现其中存在的问题和不足，以此来不断地完善和改进自己的工作。

7.1.3　了解开启直播的方法

UP主可以选择在计算机端或手机端开启直播。下面就以在手机端开启直播为例，讲解在B站开启直播的方法。

步骤01 进入B站"我的"界面，点击"开播"按钮，如图7-7所示。

步骤02 操作完成后，进入直播设置界面。在该界面中，❶设置标题和封面等信息，❷点击"开启视频直播"按钮，如图7-8所示。

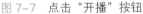

图 7-7　点击"开播"按钮　　　　图 7-8　点击"开启视频直播"按钮

步骤 03 操作完成后，进入直播倒计时界面，如图7-9所示。

步骤 04 倒计时完成后，进入直播界面，此时就说明直播开启成功了，如图7-10所示。

图 7-9　直播倒计时界面　　　　图 7-10　直播开启成功了

7.1.4　掌握直播的通用话术

在B站直播的过程中，UP主如果能够掌握一些通用的话术，会获得更好的带货、变现效果。这一节笔者就来对5种直播通用话术进行分析和展示，帮助大家更好地提升自身的带货和变现能力。

1. 欢迎用户进入

当有用户进入直播间之后，直播的评论区会有显示。UP主在看到进直播间的用户之后，可以对其表示欢迎。

当然，为了避免欢迎话术过于单一，UP主可以在一定的分析之后，根据自身和观看直播的用户的特色来制定具体的欢迎话术。具体来说，常见的欢迎话术主要包括以下4种。

（1）结合自身特色。如："欢迎×××来到我的直播间，希望我的歌声能够给您带来愉悦的心情。"

（2）根据用户的名字。如："欢迎×××的到来，看名字，你是很喜欢玩《××××》游戏吗？真巧，这款游戏我也经常玩！"

（3）根据用户的账号等级。如："欢迎×××进入直播间。哇，这么高的等级，看来是一位大佬了，求守护呀！"

（4）表达对忠实粉丝的欢迎。如："欢迎×××回到我的直播间，差不多每场直播都能看到你，感谢一直以来的支持呀！"

2. 感谢用户支持

B站UP主无法通过直播链接或视频购物车链接的方式直接带货，大多数UP主会将带货链接置顶于视频评论区。这点与其他视频平台不同。

UP主可以在直播时真诚地向粉丝们表示感谢和支持。

3. 提问活跃气氛

在直播间向用户提问时，UP主要使用更能提高用户积极性的话语。对此，笔者认为，UP主可以从两个方面进行思考，具体如下。

（1）提供多个选项，让用户自己选择。如："接下来，大家是想听我唱歌，还是想看我跳舞呢？"

（2）让用户更好地参与其中。如："想看1号产品的扣1，想看2号产品的扣2，我听大家的安排，好吗？"

4. 引导用户助力

UP主要懂得引导用户，根据自身的目的，让用户为你助力。对此，UP主可以根据自己的目的，用不同的话术对用户进行引导，具体如下。

（1）引导购买。如："喜欢的宝宝们可以通过××视频下方置顶评论中的链接购买产品。请记住，只有通过链接才能拿到我的专属优惠券，比常规价便宜很多，数量有限，先到先得！"

（2）引导刷礼物。如："我被对方超过了，大家给点力，让对方看看我们真正的实力！"

（3）引导直播氛围。如："咦！是我的信号断了吗？怎么我的直播评论区一直没有变化呢？喂！大家听不听得到我的声音呀，听到的宝宝请在评论区扣个1。"

5. 传达下播信号

每场直播都有下播的时候，当直播即将结束时，UP主应该通过下播话术向用户传达信号。具体来说，UP主可以重点从3个方面表达结束的信号，具体如下。

（1）感谢陪伴。如："直播马上就要结束了，感谢大家在百忙之中抽出宝贵的时间来看我的直播。你们就是我直播的动力，是大家的支持让我一直坚持到了现在。期待下次直播还能再看到大家！"

（2）直播预告。如："这次的直播要接近尾声了，时间太匆匆，还没和大家玩够就要暂时说再见了，喜欢UP主的明晚8点一起来我的直播间玩！"

（3）表示祝福。如："时间不早了，UP主要下班了。大家好好休息，做个好梦，我们来日再聚！"

7.2 全面提升直播的能力

掌握直播的各种能力对于UP主来讲是十分必要的，UP主只有提升自身的各种能力，才能将直播做好。本节笔者就来介绍UP主需要具备的各项直播能力，帮助UP主快速提升自身的能力。

7.2.1　直播专业能力

要想成为一名具有超高人气的UP主，就要具备专业能力。在竞争日益激烈的直播行业中，UP主只有培养好自身的专业能力，才能在B站直播这片肥沃的土壤上扎根。具体来说，UP主需要重点培养4个方面的直播专业能力。

1. 个人才艺

UP主应该具备各种各样的才艺，让用户眼花缭乱，为之倾倒。才艺的范围十分广泛，包括唱歌、跳舞、乐器表演、书法绘画和游戏竞技等。

如果你的才艺让用户觉得耳目一新，能够引起他们的兴趣，让他们为你的才艺"一掷千金"，那么你的才艺就是成功的。

在B站平台上，有不计其数的UP主，其中大多数UP主都拥有自己独有的才艺。才艺好的UP主，人气自然就高。图7-11所示为UP主在直播中表演绘画。

图 7-11　表演绘画

无论是什么才艺，只要是积极且充满正能量的，能够展示自己的个性，就会助UP主的成长一臂之力。

2. 言之有物

一个UP主想要得到用户的认可和追随，一定要有清晰且明确的三观，这样说出来的话才会让用户信服。如果UP主的观点既没有内涵，又没有深度，那么这样的UP主是不会获得用户长久的支持的。

UP主应该如何做到言之有物呢？首先，UP主应树立正确的价值观，始终保持自己的本心，不空谈。其次，还要掌握相应的语言技巧。UP主在直播时，必须具备的语言要素包括亲切的问候语、通俗易懂的交流语言和流行时尚的说话方式。最后，UP主要有自己专属的观点。只有将这三者相结合，UP主才能达到言之有物的境界，从而获得专业能力的提升。

3. 精专一行

俗话说："三百六十行，行行出状元。"UP主要想成为直播界的状元，就要拥有一门擅长的技能。一个UP主的主打特色就是由他的特长支撑起来的。

比如，有的UP主乐器弹奏水平很高，便可以专门展示自己的弹奏技能；有的UP主某个游戏玩得好，便可以直接在直播中展示玩该游戏的操作；有的UP主天生有一副好嗓子，便可以在直播中分享自己的歌声。

UP主只要精通一门专业技能，行为谈吐接地气，那么月收入上万也就不是什么难事了。当然，UP主还要在直播之前做足功课，准备充分，才能将直播有条不紊地进行下去，让直播获得良好的反响。

4. 聚焦痛点

在UP主培养专业能力的道路上，有一点极为重要，即聚焦用户的痛点、痒点。UP主要学会在直播的过程中寻找用户最关心的问题和感兴趣的点，从而更有针对性地为用户带来有价值的内容。挖掘用户的痛点是一个长期的工作，但UP主在寻找的过程中，必须要注意以下3个事项。

（1）对自身能力和特点有充分了解，从而认识到自己的优缺点。

（2）对其他UP主的能力和特点有所了解，学习他人的长处。

（3）对用户心理有充分的解读，然后创造对应的内容来满足用户的需求。

UP主在创作内容的时候，要抓住用户的主要痛点，以这些痛点为标题，吸引用户的关注，并在直播中弥补用户在社会生活中的各种心理落差。用户的痛点主要包括安全感、价值感、自我满足感、亲情爱情、支配感、归属感和不朽感等。

7.2.2　内容创作能力

直播内容的创作能力是每个UP主必须具备的能力，提升UP主的内容创作能力也是做好直播的关键。毕竟，在这个流量巨大的互联网时代，内容为王，只有能为用户提供优质内容的UP主，才能抢占更多的流量份额，获得更多的流量变现收益，将自己的直播事业发展壮大。

UP主要想提升内容创作能力，就必须在平日里多积累直播素材，努力学习各种专业知识和技能，不断充实自己，开阔自己的视野，这样UP主在策划直播内容时才会有源源不断的创作灵感，也才能持续地输出优质的直播内容。

UP主不能原地踏步、故步自封，要不断地推陈出新，生产有创意的内容，让用户看到你的能力和努力，这样你的直播事业才会做得更长久。

7.2.3　语言沟通能力

UP主在与粉丝互动的过程中一定要十分注意自己的一言一行，作为一个公众人物，UP主的言行举止会对用户产生巨大的影响。此外，UP主还要避免一些可能会对受众造成心理伤害的玩笑。UP主在与粉丝沟通交流时要重点考虑3个问题，如图7-12所示。

图 7-12　与粉丝互动时要考虑的问题

　　注意说话的时机是反映一个人良好的语言沟通能力的重要表现，所以UP主在说话之前都必须把握好用户的心理状态，考虑对方的感受。

　　例如，在现实生活中，当你向某人提出意见或请求时，如果他当时正在气头上，那么你说什么他都听不进去；如果你选择在他遇到好事而高兴的时候讲，他就会欣然接受，马上答应你的请求。可见，沟通之所以会产生两种截然不同的结果，关键在于说话的时机，以及听话人当时的心理状态。

　　除了要把握说话的时机，学会倾听也是UP主在和粉丝沟通交流中必须要养成的习惯。懂得倾听别人说话是尊重他人的表现，这样做能使UP主快速获得用户的好感。同时，在倾听的过程中也了解了用户的需求，可谓一举两得。

　　在UP主与用户的互动过程中，虽然表面上看起来好像是UP主在主导话题，但实际上却要以用户的需求为主。UP主想要了解用户的需求和痛点，就一定要认真地倾听他们的诉求跟反馈。

　　UP主在和用户沟通交流时，姿态要谦和，态度要友好。聊天不是辩论比赛，尽管每个人的观点主张都不一样，但没必要分出个对错输赢。UP主要明白，人与人之间的交往最重要的是彼此尊重，互相理解。有的时候，对并没有用。UP主在与用户交流沟通的时候，应该要做好3个方面的工作，即理性地思考和对待问题、灵活应对尴尬的窘境，以及把握沟通交流的分寸。

　　在UP主直播的过程中，有时候会遇到这样的用户群体，他们敏感、脆弱，容易发脾气，容不得别人说他们的不是，否则就会觉得自己的尊严受到了侵犯。这些人往往有一颗"玻璃心"，或者说比较自卑。

　　UP主尽量不要去触碰这类用户的敏感神经，不予理睬就好。因为自卑之人的典型特征就是完全以自我为中心，听不进其他意见，也不会顾及他人感受。如果他们无理取闹，扰乱直播间的正常秩序，必要时可以进行踢除。

7.2.4　直播运营能力

　　UP主既然决定做B站直播，那就必须要提高直播运营能力。那么，B站的直播运营主要有哪些内容呢？下面以图解的形式来分析，如图7-13所示。

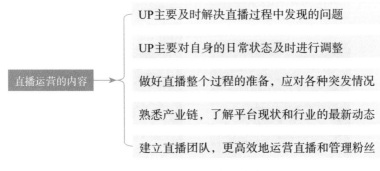

图 7-13　直播运营的内容

7.2.5　粉丝运营能力

对于UP主来说，直播最重要的就是粉丝，只有粉丝数量不断增加，和粉丝之间的情感关系越来越好，才能更好地实现变现，为UP主带来更多收益。UP主要学会系统地运营和管理自己的粉丝，以便实现效益最大化。

那么，UP主应该如何有效地进行粉丝运营，维护和粉丝之间的关系，增强粉丝对UP主的凝聚力和提高粉丝的忠诚度呢？关于直播粉丝运营的方法和技巧主要有以下几个方面。

1. 满足粉丝的心理需求

绝大多数人都有自己喜欢的明星或偶像，也有曾经疯狂追星的经历，特别是如果得到了和自己的偶像明星互动的机会或者其个性签名，往往都会欣喜若狂，激动不已，从而使自己的"虚荣心"得到极大的满足。

之所以会有这种现象，是因为粉丝对偶像的崇拜会让其产生一种优越感，UP主和粉丝之间的关系也是如此。所以，UP主要想办法满足粉丝的这种心理需求，这样能进一步加深粉丝对UP主的喜爱程度，从而达到更好地运营粉丝的目的。

2. 建立粉丝群

要想更好地管理和维护粉丝，最直接、最有效的方法就是建立粉丝QQ群或微信群，同时设置几名管理员或者助理，帮助UP主运营粉丝群。UP主平时有空就到粉丝群和群成员交流互动，还可以举办群活动调动粉丝的参与度和活跃性，增进彼此之间的情感和信任。图7-14所示为部分UP主的粉丝群。

另外，UP主在直播的时候可以将自己的粉丝群号码留在直播公屏上，以便不断地将新的粉丝引流至粉丝群，搭建自己的私域流量池，如图7-15所示。

图 7-14　部分 UP 主的粉丝群

图 7-15　直播时将用户引流至粉丝群

3. 举办粉丝线下见面会

举办粉丝线下见面会能满足粉丝和UP主近距离接触的愿望，有利于UP主更直接地了解粉丝的需求，进一步加深彼此之间的联系，显得UP主平易近人，增强粉丝黏性和凝聚力。

7.2.6　应对提问能力

随机应变是一名优秀的UP主要具备的能力。因为直播是一种互动性很强的娱乐活动，粉丝会向UP主提出各种各样的问题，对于这些问题，UP主要在脑海中快速找到应对的话术。

如果用户问的是关于UP主年龄、真实姓名、兴趣爱好等隐私类的问题，那么UP主可以根据自己的意愿，选择性地进行回答；如果用户问的是关于知识专业类的问题，UP主知道的就予以回答，不知道的完全可以大方地表明自己不是很了解。千万不要不懂装懂，撑面子，这样不仅会误导粉丝，还会降低UP主在用户心中的形象地位。反之，大方地承认不仅不会影响用户对UP主的看法，反而会让粉丝觉得UP主很诚实。

还有一种情况就是，如果用户自己遇到问题，或有一些烦恼，从而向UP主求助，那么便可像前面笔者提到过的那位UP主一样，尽自己所能去帮助每一位用户。如果UP主能力有限，还可以发挥众人的力量。

所以，对于刚进行直播的UP主来说，在前期阶段就要在直播中不断锻炼自己的随机应变能力，总结经验话术。这样，当UP主成长以后，便可应对自如了。

UP主在进行直播之前一定要做好充分准备，特别是对于和自身专业技能相关的直播。这种情况在在线教育行业的直播中十分普遍，通常讲师在正式直播上课前都会做好直播课程内容的课件，把要讲的相关知识点全部梳理一遍。还有的讲师会专门在课程内容讲解完之后设置一个疑问问答环节，来解决学员提出的疑问和问题。

再比如进行户外旅行的直播，UP主不一定要有导游一样的专业能力，对任何问题都能对答如流，但也要在直播之前把旅游地点的相关情况了解好。

UP主在回答粉丝提问的过程中，如果涉及当下社会热点事件和时事的话题，一定要谨言慎行，充分思考之后再做回答。如果是正面、积极的事件，那就予以肯定和提倡；如果是负面敏感的新闻，则不要发表任何观点或看法，要想办法转移话题。

7.2.7　心理素质水平

在直播的过程中，UP主难免会遇到各种突发状况，这时就非常考验UP主的应变能力和心理素质了。一般在直播中遇到的突发状况主要有两种，一种是客观发生的，还有一种是主观人为的。接下来笔者就通过案例对这两种情况进行说明。

1. 信号中断
信号中断这种情况通常在借助手机做户外直播时发生。信号不稳定是十分常见的事情，有的时候主播甚至还会面临长时间没有信号的情况。在直播过程中，如果UP主只看到评论区的变化，而直播画面却在加载中，就说明UP主的信号不太稳定，或者UP主的信号已经中断了。

面对这样的情况，主播应该平稳心态，先试试变换下地点是否会连接到信号。如果不行，就耐心等待。因为也许有的忠实用户会一直等候直播开播，所有主播要做好向用户道歉的准备，再利用一些新鲜的内容活跃气氛，再次吸引用户的关注。

2. 突发事件

各种各样的突发事件在直播现场是不可避免的。当发生意外情况时，主播一定要稳住心态，让自己冷静下来，打好圆场，给自己台阶下。

比如，某歌唱节目总决赛直播时，某位歌手突然宣布退赛。此消息一出，现场的所有人和守在电视机前的观众都大吃一惊。而该节目的主持人则不慌不忙地对此事做了十分冷静的处理，他请求观众给他5分钟时间，将自己对这个突发事件的看法进行客观、公正的评价。这种冷静处理让相关工作人员有了充分的时间来应对此事件。而这个事件过后，该主持人的救场也获得了无数观众的敬佩和赞赏。

节目主持人和主播有很多相似之处，主播一定程度上也是主持人。在直播过程中，主播也要学会把节目流程控制在自己手中，特别是面对各种突发事件时，更要冷静。主播应该不断修炼自己，多多向这位主持人学习。

7.2.8　调节气氛能力

由于直播的时间一般来说比较长，所以不管是UP主还是用户，都无法一直保持高昂的情绪和高度集中的注意力，时间一久难免会产生疲惫的感觉。因此，此时就需要UP主想办法调节直播间的气氛，调动用户的兴趣和积极性。

那么，UP主应该如何调节直播间的气氛呢？笔者认为可以从以下3个方面来做好直播气氛的调节，如图7-16所示。

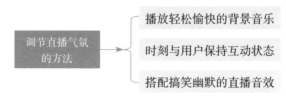

图7-16　调节直播气氛的方法

第 8 章

轻松实现变现

在运营B站账号的过程中，UP主可以通过多种方式来进行变现。这一章笔者就来为UP主介绍B站账号的常见变现方式。

8.1 花火计划

花火计划，简单来说，就是利用B站的花火平台为UP主和广告主提供商业交易服务的计划。UP主入驻花火平台之后，可以接受广告主发布的任务来获得收益。这一节笔者就来简单介绍花火计划的相关知识。

8.1.1 平台入驻说明

UP主要想加入花火计划，首先得入驻花火平台。当然，入驻花火平台也有一定的条件。图8-1所示为入驻花火平台的条件。

图 8-1 入驻花火平台的条件

入驻花火平台之后，UP主即可以获得一些平台权益，如图8-2所示。

图 8-2 入驻花火平台之后可以享受的权益

8.1.2 账号注册方法

打开花火平台之后，UP主便可以通过一定的步骤注册账号，正式入驻花火平台。具体来说，UP主可以通过如下步骤注册花火平台的账号。

步骤 01 进入B站的花火平台官网默认页面，单击页面中的"我是UP主"按钮，如图8-3所示。

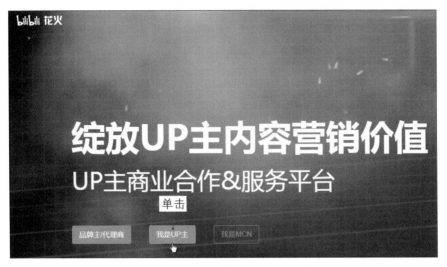

图 8-3　单击"我是 UP 主"按钮

步骤 02 操作完成后，会弹出"登录您的B站账号"对话框。在对话框中，❶输入B站账号登录信息，如手机号和验证码，❷单击"登录"按钮，如图8-4所示。

图 8-4　单击"登录"按钮

步骤 03 操作完成后，即可用B站账号登录花火平台，完成账号注册。

8.1.3 发布和接受任务

广告主可以在花火平台中通过两种路径对UP主发布任务，具体如图8-5和图8-6所示。

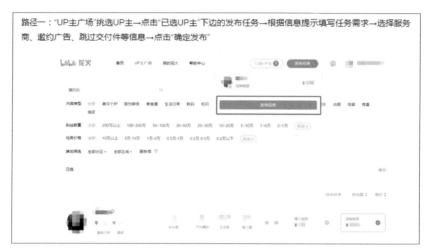

图 8-5 广告主在花火平台发布任务的第一条路径

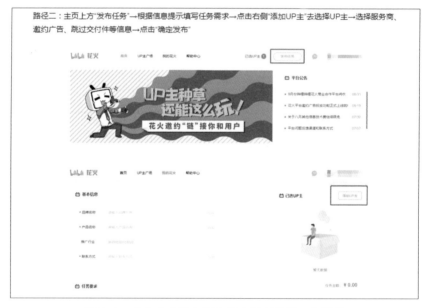

图 8-6 广告主在花火平台发布任务的第二条路径

广告主发布任务之后，对应UP主便可以接受和完成对应的任务。任务完成后，UP主便可以获得一定的收益。

8.1.4　邀约广告介绍

邀约广告是花火平台中比较常见的一种广告发布形式。图8-7所示为邀约广告的基本介绍。

01　邀约广告是什么？有什么作用？

　　邀约广告是一种可以结合商单视频内容，利用三种样式的邀约，帮助品牌口碑快速转化、助力投放快速落地的广告投放形式。邀约广告能帮助内容和品牌深度结合，全面提升导流效率，同时精确触达UP主私域流量，有效提升品牌口碑转化。

图 8-7　邀约广告的基本介绍

邀约广告主要有3种样式，具体介绍如图8-8所示。

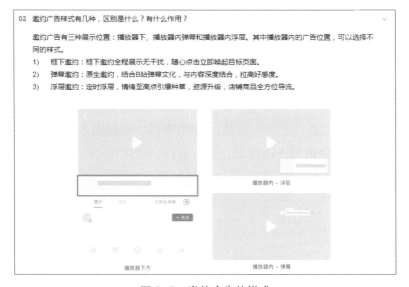

03　邀约广告样式有几种，区别是什么？有什么作用？

　　邀约广告有三种展示位置：播放器下、播放器内弹幕和播放器内浮层。其中播放器内的广告位置，可以选择不同的样式。
1）　框下邀约：框下邀约全程展示无干扰，随心点击立即唤起目标页面。
2）　弹幕邀约：原生邀约，结合B站弹幕文化，与内容深度结合，拉高好感度。
3）　浮层邀约：定时浮层，情绪至高点引爆种草，资源升级，店铺商品全方位导流。

播放器内 - 浮层

播放器下方　　　　　播放器内 - 弹幕

图 8-8　邀约广告的样式

UP主接受邀约广告，并发布对应的广告信息之后，便可以借此获得一定的收益。图8-9所示为邀约广告的收益分成（图中时间的年份为2020年）。

07　邀约广告收益分成是什么？

　　为扩大UP主品牌影响力，提升花火邀约广告成单率，优化UP主邀约体验。从10月16日起，针对新下单的邀约广告，平台会将邀约费用的50%分成给UP主，此收益不会扣取额外费用。

图 8-9　邀约广告的收益分成

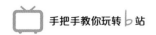

**创作激励计划**

创作激励计划是针对UP主的自制稿件进行评估并提供收益扶持的一种计划，该计划旨在激发UP主的投稿热情。这一节笔者就来为大家介绍创作激励计划的相关知识。

8.2.1 账号准入

虽然加入创作激励计划之后，UP主通过发布投稿内容便可以获得一定的收益，但是该计划对申请加入的B站账号是有一定准入门槛的。图8-10所示为加入创作激励计划的要求。

03　UP主想加入"bilibili创作激励计划"，需要符合什么要求？

视频：创作力或影响力≥55分，且信用分≥80分（以申请时刻的实时电磁力为准）

专栏：专栏阅读量≥10万（以创作中心首页数据为准）

素材：有自制音频被选入手机投稿BGM素材库

图 8-10　加入创作激励计划的要求

只要自己的账号达到了准入门槛，UP主便可以选择加入创作激励计划。如果UP主不知道如何申请加入该计划，可以前往"帮助中心"相关页面"账号准入"板块的"04"中查看具体的申请加入的方法，如图8-11所示。

创作激励计划

- 账号准入

- 收益与提现

- 违规类型与处罚

- 激励金兑换

- 爆款小目标

- 涨粉攻擂赛

- 爆款涨粉累计任务

精选稿件库相关

官方认证相关

账号准入

01　什么是"bilibili创作激励计划"？

02　加入激励计划后，UP主需要遵守哪些规则？

03　UP主想加入"bilibili创作激励计划"，需要符合什么要求？

04　如何申请加入"bilibili创作激励计划"？

　　1）符合申请要求的UP主，可点击链接进行申请
　　-PC端：https://member.bilibili.（
　　-APP端：https://member.bilibili.

　　2）UP主提交申请后，平台会在3个工作日内完成审核

　　3）审核通过后，UP主会收到系统通知

图 8-11　申请加入创作激励计划的方法

8.2.2　收益与提现

加入创作激励计划之后，UP主便可以通过发布投稿来获得收益，并将激励收益进行提现。下面笔者就来讲解该计划收益与提现的相关内容。

UP主获得激励收益之后便可以进行提现，将收益直接变现。图8-12所示为激励收益的提现方法。

> 01　激励收益怎么提现？
>
> 分两步走：
> 1. 从激励金账户结算到贝壳账户
> 1）目前，激励收益支持自动结算和手动结算。系统默认为自动结算，UP主可自行按需更改
> 2）如为自动结算：每月5号至10号，上一自然月的激励收益将全部按1:1结算为贝壳
> 如为手动结算：请UP主在每月5号0点之前，设置好本月结算金额（逾期则当月结算失败，可在次月再次操作结算）；每月5号至10号，本月结算金额将按1:1结算为贝壳
> 2. 从贝壳账户提现到银行卡/支付宝
> 激励收益结算到贝壳账户后，UP主需要手动发起提现，才能将收益提现到银行卡或支付宝账号。

图 8-12　激励收益的提现方法

加入创作激励计划之后，UP主可以通过发布投稿内容来获得收益，当然该计划对于UP主的稿件还是有一定要求的。图8-13所示为享有激励收益的稿件需要符合的条件。

> 02　享有激励收益的稿件需要符合什么条件？
>
> 1）UP主加入激励计划后发布（次日生效；加入当天发布稿件不计入）
> 2）稿件是自制作品，且不属于商业推广稿件
> 3）番剧区、广告区、放映厅（包含纪录片，电影，电视剧）的视频稿件暂不享有"bilibili创作激励计划"收益
> 4）稿件在bilibili上的发布时间（以稿件审核通过并上线的时间为准）不晚于其他平台

图 8-13　享有激励收益的稿件需要符合的条件

每种投稿内容对应的激励收益计算方法都不尽相同，UP主要想提高激励收益，就有必要了解对应投稿内容的收益计算方法，并据此制定收益提升方案。图8-14所示为激励收益的计算方法。

> 03　激励收益是怎么计算出来的？
>
> 1）视频：视频激励收益是由稿件本身内容价值，包括用户喜爱度、内容流行度和内容垂直度等多维度指数综合计算得出；其中，用户喜爱度是基于点赞等互动行为进行综合评估，是收益计算的首要衡量指标
> 2）专栏：专栏激励收益是由专栏稿件本身内容价值，包括内容流行度、用户喜爱度和内容垂直度等多维度指数综合计算得出
> 3）素材：素材激励收益由该素材被使用的次数，以及使用该素材的视频（不包含小视频）的内容价值综合计算得出

图 8-14　激励收益的计算方法

加入创作激励计划之后，即使UP主不进行收益提现，也可以实时查看收益情况。图8-15所示为激励收益的查看方法。

```
05  UP主怎么查看激励收益？                                    ⌄

    1）PC端：创作中心-收益管理-创作激励
    2）APP端：我的-创作激励-视频
```

图 8-15　激励收益的查看方法

8.2.3　违规行为与处罚

加入创作激励计划之后，UP主要注意运营规范。如果出现了违规行为，UP主将会面临一定的处罚。图8-16所示为UP主加入创作激励计划之后的违规行为和对应的处罚。

```
01  什么行为会触发违规？对应什么处罚？                              ⌄

    一、转自违规：UP主未正确勾选投稿类型，将转载投成自制
    1）违规一次：UP主会收到违规提醒
    2）违规两次：UP主的激励状态转为封禁，且封禁期间不产生激励收益
    3）违规三次：UP主将被激励清退

    二、身份冒充：UP主搬运他人视频，并盗用原作者身份
    确认之后，违规UP主将被激励清退

    三、锤人类：UP主发布锤人向内容的稿件
    确认之后，此稿件的激励收益将被暂停

    关于锤人类内容，详见https://t.bilibili.com

    四、账号封禁：UP主账号被封禁
    激励收益随之暂停，UP主将被激励清退
    此外，如UP主出现其他严重违规情况（包括但不限于：内容违反社区规则、恶意刷数据、买粉丝等），平台确
    认后，将对UP主进行激励清退
```

图 8-16　UP 主加入创作激励计划之后的违规行为和对应的处罚

8.3　充电计划

充电计划类似于打赏功能，当UP主加入该计划之后，便可以通过接受用户的充电来获得打赏收益。这一节笔者就来介绍充电计划的相关知识，帮助UP主更好地了解该计划。

8.3.1　什么是充电计划

B站对充电计划进行了一些说明，如图8-17所示。UP主可以通过该说明初步了解充电计划的概念和出发点。

> **01　充电计划是什么？**　　　　　　　　　　　　　　　　　　　　　　　⌄
>
> 充电计划是bilibili为维护健康的UP主生态圈而推出的实验性举措，初步将在bilibili平台上提供在线打赏功能，鼓励用户为自己喜爱的UP主"充电"。该计划有四大出发点：1.不影响任何视频观看和弹幕体验。2.完全自愿，没有强制性。3.鼓励自制非商业内容，提高UP主的原创积极性。4.保持UP主独立性，一定程度上解决UP主经济来源问题。

图 8-17　B 站对充电计划的说明

8.3.2　如何加入充电计划

充电计划是没有准入门槛的，UP主只需通过一定的操作便可以加入该计划。图8-18所示，为UP主加入充电计划的方法。UP主只需要进行简单操作便可以加入充电计划，为用户提供一个给UP主充电的渠道。

> **05　UP主如何加入充电计划/开通充电/充电开通**　　　　　　　　　　　　　⌄
>
> A：UP主在创作中心-收益管理界面里，点击充电计划，查阅并同意相关协议后，选择加入。哔哩哔哩的编辑团队会第一时间对UP主的申请进行审核。假如审核通过，您就可以加入充电计划了。加入充电计划以后，您可以看到您的个人空间页会出现一个充电面板，供粉丝进行充电。

图 8-18　UP 主加入充电计划的方法

另外，笔者在2.1.6中已经对加入充电计划的操作步骤进行了介绍，有需要的UP主可以查看一下。

8.3.3　如何给UP主充电

当UP主加入充电计划之后，用户便可以对UP主进行充电。具体来说，用户可以通过如下步骤给UP主充电，而UP主则可以由此获得一定的收益。

步骤 01 进入需要进行充电的UP主的个人空间界面，点击界面中的"充电"按钮，如图8-19所示。

步骤 02 操作完成后，会弹出"请选择充电电量"对话框。在对话框中，❶选择充电的额度，❷点击"为TA充电"按钮，如图8-20所示。

步骤 03 操作完成后，即可为对应UP主充电。

图 8-19　点击"充电"按钮

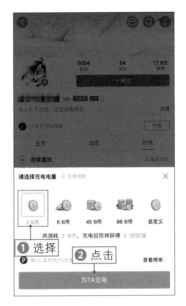

图 8-20　点击"为 TA 充电"按钮

★ 专家提醒 ★

　　如果用户账号中的 B 币不足，那么用户需要先完成 B 币充值，确保 B 币充足，才能完成充电操作。

8.3.4　充电收入如何提现

　　当 UP 主通过充电计划获得收入之后，可以将获得的收入进行提现。图 8-21 所示为充电计划收入的提现方法。

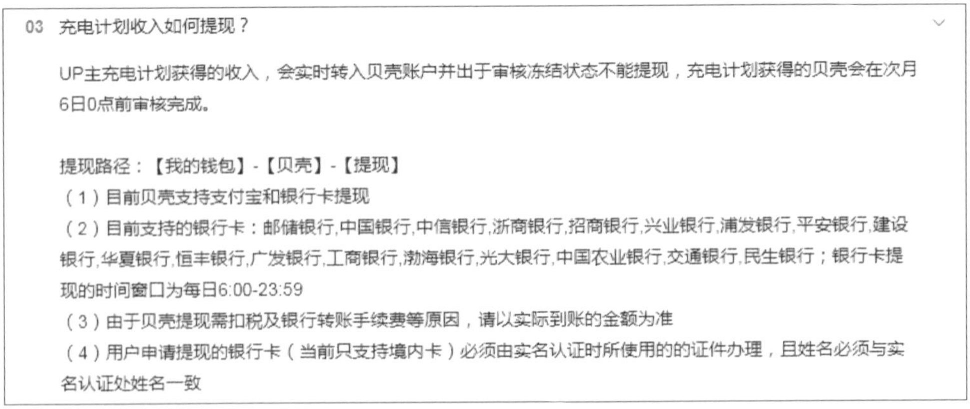

03　充电计划收入如何提现？

UP主充电计划获得的收入，会实时转入贝壳账户并出于审核冻结状态不能提现，充电计划获得的贝壳会在次月 6日0点前审核完成。

提现路径：【我的钱包】-【贝壳】-【提现】
（1）目前贝壳支持支付宝和银行卡提现
（2）目前支持的银行卡：邮储银行,中国银行,中信银行,浙商银行,招商银行,兴业银行,浦发银行,平安银行,建设银行,华夏银行,恒丰银行,广发银行,工商银行,渤海银行,光大银行,中国农业银行,交通银行,民生银行；银行卡提现的时间窗口为每日6:00-23:59
（3）由于贝壳提现需扣税和银行转账手续费等原因，请以实际到账的金额为准
（4）用户申请提现的银行卡（当前只支持境内卡）必须由实名认证时所使用的的证件办理，且姓名必须与实名认证处姓名一致

图 8-21　充电计划收入的提现方法

8.4　悬赏计划

悬赏计划就是帮助UP主在视频下方悬挂广告，从而让UP主获得收益的一种商业计划。图8-22所示为B站对悬赏计划的说明。

> **03　什么是悬赏计划？**
>
> bilibili悬赏计划是帮助UP主通过在视频下方挂广告来获取收益的官方商业计划。UP主在悬赏计划中可自主选择广告关联在其视频下方，广告将标上"up主推荐广告"字样，B站将根据UP主选择的广告曝光或商品销量为其发放收益。

图 8-22　B 站对悬赏计划的说明

8.4.1　如何加入悬赏计划

UP主可以单独加入悬赏计划，也可以通过机构报名参加悬赏计划。具体来说，UP主可以单击B站计算机端官网菜单栏中的"悬赏计划"按钮，进入悬赏计划的相关页面。该页面中会列出加入悬赏计划要满足的条件，如图8-23所示。UP主如果达到了条件，便可以点击页面下方的"立即加入"按钮，直接加入悬赏计划。

图 8-23　加入悬赏计划要满足的条件

通过机构报名参加悬赏计划，则是通过与B站悬赏计划合作的机构进行报名，获得悬赏计划的相关权益。当然，UP主单独报名和通过机构报名加入悬赏计划还是有一些不同的，图8-24所示为这两种报名方式的主要差异。

1.通过机构报名，机构可以为您代管理广告接单，减少时间成本，接单更高效

2.个人报名，UP主可以获取广告出价的60%，即日起（2018/10/17起）生效；机构合作，机构可以获取广告出价的60%，即日起（2018/10/17起）生效，具体机构与UP如何再分成，由机构与UP主自主协商。（此分成不适用于商品类任务，现阶段商品类广告平台不抽成。）

3.通过机构报名更有机会承接价格更高的品牌订单。

4.个人报名，收益将直接付给UP主贝壳，通过机构报名，收益将统一结算给合作机构。

图 8-24　UP 主单独报名和通过机构报名加入悬赏计划的主要差异

8.4.2　承接广告任务

加入悬赏计划之后，UP主便可以通过承接广告任务来获得收益。当然，在承接广告时，UP主还得单击"帮助中心"相关页面菜单栏中的"接任务"按钮，进入"接任务"页面，了解承接广告任务的相关问题，如图8-25所示。

悬赏计划	接任务
• 基本疑问	01 在选广告的时候，"仅售可配的"是什么意思？
• 如何参加	02 在选广告的时候，"特惠"是什么意思？
• 接任务	03 收到提示"任务失效"是什么意思？
• 悬赏计划的商品任务	04 在选广告的时候，每个任务的预算消耗情况是实时的吗？
• 收益管理	05 广告任务中的"任务分区"是强制的吗？
课堂相关	是的，任务分区是指希望对接的视频的分区，举个例子，您如果投稿给了游戏区，您的这个视频只能关联包含了游戏区的广告任务。
支付相关	06 我过去的所有视频都可以关联广告吗？
直播相关	07 为什么有的时候我接到了任务，却没法在手机上刷到我的广告？
点评相关	08 我能否取消已经关联的广告？
分享与互动	
动态相关	

图 8-25　"接任务"页面

当然，除了承接广告任务，如果有需要，UP主还可以在"帮助中心"的相关页面中查看其他方面的信息。例如，UP主可以单击"收益管理"按钮，了解悬赏计划收益管理的相关信息。

8.5　其他变现方式

除了上面4节的计划，UP主可以通过其他变现方式来获得收益。这一节笔者就来重点介绍其中比较常见的4种变现方式。

8.5.1　课程变现

课程变现有3种形式，分别是通过创作中心、自建社群、知识付费平台变现。下面笔者就来分别介绍。

1. 通过创作中心变现

UP主可以与B站官方合作，在创作中心界面发布付费课程，引导用户付费购买课程。这样，用户可以获得新知识，而UP主可以获得收益，如图8-26所示。

图 8-26　利用创作中心课程变现

2. 通过自建社群变现

UP主可以通过将粉丝引流到QQ或微信群，然后在社群中适当推出一些付费教程，如图8-27所示。

图 8-27　引流至社群变现

3. 通过知识付费平台变现

UP主也可以引导用户前往网易公开课、腾讯课堂和喜马拉雅FM等知识付费平台购买课程，如图8-28所示。

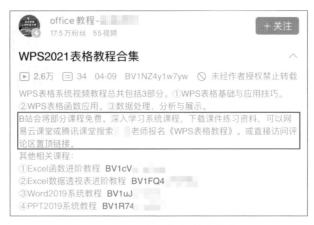

图 8-28　引导至知识付费平台

8.5.2　橱窗变现

UP主加入悬赏计划之后，就可以在个人空间中推出自己的商品橱窗，并在商品橱窗中销售商品来获得收益。具体来说，UP主在商品橱窗中销售商品时，可以引导用户通过如下步骤购买商品，从而获得更多收益。

步骤 01 进入UP主的个人空间界面，点击"Ta的推广橱窗"按钮，如图8-29所示。

步骤 02 操作完成后，进入"商品橱窗"界面。点击需要购买的商品所在的位置，如图8-30所示。

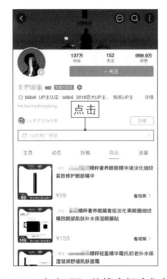

图 8-29　点击"Ta 的推广橱窗"按钮

图 8-30　点击需要购买的商品所在的位置

步骤 03 操作完成后，会弹出一个对话框。点击对话框中的"允许"按钮，如图8-31所示。

步骤 04 操作完成后，进入淘宝的商品详情页面，如图8-32所示。如果用户确定要购买该商品，可以点击界面中的"立即购买"按钮，并根据选择的商品样式、数量，支付对应的金额，便可以下单购买商品。当用户下单购买商品之后，UP主则可以借助商品的销售获得一定的收益。

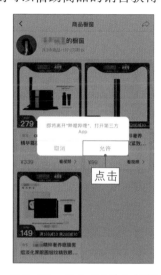

图 8-31　点击"允许"按钮

图 8-32　点击"立即购买"按钮

8.5.3　直播变现

许多B站UP主，特别是才艺UP主和游戏UP主的主要变现方式之一就是直播变现。当然，和其他平台不同的一点是，B站直播变现的主要方式是获取用户的礼物。图8-33所示为某直播的画面，可以看到，该直播中便有多名用户向UP主赠送礼物。

当然，为了让更多用户明白如何赠送礼物，UP主也可以简单说明一下赠送礼物的方

图 8-33　用户向 UP 主赠送礼物

法。具体来说，用户可以通过如下步骤向UP主赠送礼物。

步骤01 进入 UP 主的直播界面，点击界面右下方的图标，如图 8-34 所示。

步骤02 操作完成后，会弹出礼物赠送对话框。在对话框中，点击对应礼物下方的"投喂"按钮，如图8-35所示。

步骤03 操作完成后，用户便可向UP主赠送对应的礼物。而UP主获得礼物之后，便可获得一定数量的"电池"。UP主只需将这些"电池"进行提现，便可以实现直播变现。

图 8-34　点击图标　图 8-35　点击"投喂"按钮

8.5.4　邀好友赚红包

邀好友赚红包是B站推出的一个活动，UP主参加该活动之后，便可以通过邀请好友来获得收益。具体来说，UP主可以通过如下步骤邀请好友以获得收益。

步骤01 进入"我的"界面，点击界面中的"邀好友赚红包"按钮，如图 8-36 所示。

步骤02 操作完成后，进入"哔哩星人召唤计划"界面。❶ 点击该界面中的"立邀好友赚红包"按钮，选择要邀请的好友所在的平台。如果好友的账号在微信平台，可以 ❷ 点击"微信"按钮，如图 8-37 所示。

步骤03 将邀请信息发送给微信好友，只要好友登录B站并观看B站视频，UP主便可以获得一定的收益。

图 8-36　点击"邀好友赚红包"按钮　图 8-37　点击"微信"按钮